指導から
評価まで
すべてが
分かる！

新学習指導

小学校図工

テッパン題材モデル

中 学年

竹井　史・中村僚志 監修

鈴木良和・中村僚志 編著

愛知県造形教育研究会 著

明治図書

はじめに

　今回の学習指導要領改訂で図画工作の資質・能力が明確に示されたことは，教科のあり方を考える上で大きな意味のあることです。「要領」において，図画工作科は，表現や鑑賞の活動を通して「造形的な見方・考え方を働かせ，生活や社会の中の形や色などと豊かに関わる資質・能力」として位置づけられました。

　「造形的な見方・考え方」には，「知性と感性の両方を働かせて対象や事象を捉えること」が必要であるとされています。これまでの教育研究から明らかなように「感性」とは，本来，身の回りの世界を感じる受け身の能力ではなく，五感を通して自分にとって大切な情報を取捨選択し，かけがえのない自分らしさを創り上げていく主体的な能力をいいます。この感性を働かせて自分らしさを創り上げていくプロセスによって，生きた知性が身に付きます。その意味において感性は，確かな知性を支える土台であるということがいえます。

　他方，造形的な見方・考え方を働かせる対象として，「生活や社会の中の形や色など」が挙げられていますが，ここから図画工作科は「形や色」だけにコミットすればよいという誤解も生まれます。これまで図画工作科で大切にされてきた感覚には，視覚に加えて触覚の要素があったからです。図画工作科では，感性を働かせ，生活や社会の中の視覚や触覚に関わる対象と豊かに関わる資質・能力を明確にしなければならないでしょう。

　本シリーズは，新学習指導要領に準拠しつつ，実践研究を進めてきた愛知県造形教育研究会の成果を「鉄板題材」集としてまとめたものです。個々の題材においては，定番の教科書題材を取り上げながら，実践者の個性が生かされ，等身大で進められる授業の環境づくりや進め方，言葉かけなどのアドバイス，評価等について具体的に示しています。本文中の評価に関しては，授業者のねらいに合うように自由に書き込める「評価シート」も掲載しましたので大いにご活用ください。また，掲載した題材には授業実施学年を記していますが，異学年でも，ねらいに合わせて弾力的に活用していただければと思います。

　本題材集が，新学習指導要領を背景とした授業の実施に悩む先生方の参考になり，楽しく実りのある図画工作の授業を実施する手助けになれば，これに勝る喜びはありません。

　最後になりましたが，本書の企画段階から出版に至るまで粘り強く支えて頂きました，明治図書出版編集部の木村悠さまはじめ，編集部の皆様に心より御礼を申し上げます。

2020年4月

監修者

もくじ

第1章

思いを表現
できる力を
つける！
授業づくりの
ポイント

1 第３学年及び第４学年の目標

　新学習指導要領図画工作編解説の目標は，児童の発達の特性などを考慮して，２学年ごとにまとめて示されており，具体的な指導を考える際のよりどころとなります。

　表現及び鑑賞の活動を通して，造形的な見方・考え方を働かせ，生活や社会の中の形や色などと豊かに関わる資質・能力を次の通り育成することを目指します。

　なお，造形的な見方・考え方とは，「感性や想像力を働かせ，対象や事象を，形や色などの造形的な視点で捉え，自分のイメージをもちながら意味や価値をつくりだすこと」であると考えられます。

> (1)　対象や事象を捉える造形的な視点について自分の感覚や行為を通して分かるとともに，手や体全体を十分に働かせ材料や用具を使い，表し方などを工夫して，創造的につくったり表したりすることができるようにする。…知識及び技能
>
> (2)　造形的なよさや面白さ，表したいこと，表し方などについて考え，豊かに発想や構想をしたり，身近にある作品などから自分の見方や感じ方を広げたりすることができるようにする。…思考力，判断力，表現力等
>
> (3)　進んで表現したり鑑賞したりする活動に取り組み，つくりだす喜びを味わうとともに，形や色などに関わり楽しく豊かな生活を創造しようとする態度を養う。
>
> …学びに向かう力，人間性等

2 第３学年及び第４学年の〔共通事項〕

　下記の〔共通事項〕の内容は，第３学年及び第４学年の目標（1），（2），（3）を受けたものです。〔共通事項〕は，表現及び鑑賞の活動の中で，共通に必要となる資質・能力であり，造形活動や鑑賞活動を豊かにするための指導事項として示しています。

> (1)　「Ａ表現」及び「Ｂ鑑賞」の指導を通して，次の事項を身に付けることができるよう指導する。
>
> 　ア　自分の感覚や行為を通して，形や色などの感じが分かること。…知識
>
> 　イ　形や色などの感じを基に，自分のイメージをもつこと。…思考力，判断力，表現力等

　〔共通事項〕の指導事項は，「Ａ表現」及び「Ｂ鑑賞」の指導を通して，「知識」，「思考力，判断力，表現力等」を育成することになり，そのことは，「Ａ表現」及び「Ｂ鑑賞」における「技能」や「思考力，判断力，表現力等」の育成につながります。　　　　　　　　　　　　　　　（鈴木　良和）

各巻の実践と学習指導要領との関連 〜中学年〜

1　「A表現」⑴⑵ア　造形遊びをする活動〔共通事項〕⑴アイ

　中学年の造形遊びは「22　わくわくダンボールショップを開こう」（P98），「23　つなぐんぐん」（P102）の2実践が掲載されています。低学年での経験を生かし，さらに，よりダイナミックな活動を展開します。棒状につくった新聞紙や段ボールをつないだり，組み合わせたりして，思い思いに組み立てていきます。また，新聞紙を棒状にすることや段ボールカッターで切るなどの活動もあり，中学年の子供たちだからこそできる実践になります。教員は，豊富に材料を用意することと活動が存分にできるような空間を提供することが大切になります。

2　「A表現」⑴⑵イ　絵や立体，工作に表す活動「B鑑賞」⑴ア〔共通事項〕⑴アイ

　中学年は，想像したこと，見たことから，表したいことや用途を考えて，形や色，材料を生かしながら表現できます。特に，見た物を見た通りに表現したいという思いが強くなる時期でもありますので，そうした児童の実態を捉えたうえで，単元構想することが必要になります。

　3年「1　かお…カオ…どんな顔？」（P14），「2　楽きをえんそうする友だち」（P18），「3　水さい絵の具でかく自分」（P22），4年「9　友だちの顔」（P46）は，いずれも人物を対象とした題材です。人物の特徴をしっかり捉えるだけでなく，表情や指の動き等の表現についても，よく見てかくことができる中学年ならではの題材を掲載しています。表現が苦手という意識をもっている児童にも意欲的に取り組めるような手立ても講じられています。

　3年「5　ぼくらの魚がおよぎだした」（P30）では，低学年で経験したことのある紙版画を題材にしていますが，魚の種類によって形を変えること。そして，魚を群れとして1つの画面に入れるための効果的な画面構成を考えることが盛り込まれています。さらに，三原色だけを使って混色することで，より画面に統一感をもたせられるようにと工夫しています。

　4年「15　ダンボールアートにちょうせんだ！」（P70），「20　ダンボールを使ってマイ小物入れをつくろう」（P90）の2実践は，いずれも段ボールを材料としていますが，その表現は全く違ったものになります。小物入れづくりでは，用途を考え，それに応じて段ボールを切ったり，組み合わせたりします。また，段ボールを水で濡らします。そうすることで，「皮のような素材」と「粘土のような素材」に分かれる特徴を使って表現に向かわせます。

　中学年では，指導過程に鑑賞活動を効果的に取り入れていくとよいでしょう。単元の導入段階や製作の途中，作品が完成した段階等に子供同士が作品を見てアドバイス等をすることで，より広い造形的な見方・考え方を養うことができます。また，鑑賞を中心にした実践も4題材掲載していますので，参考になると思います。

中学年の図画工作科について考える

　中学年の児童は，低学年の学びを通して，造形的な見方・考え方を働かせて，ダイナミックな表現をすることが可能になってきます。そこには，これまでの学びで身に付けた，知識・技能や思考力・判断力・表現力に裏付けられています。

　ただ，私たち教師が気を付けなければならないのは，この時期に表現に対して苦手意識をもってしまう可能性があるということです。その原因は2つあると思います。1つは，造形的な見方・考え方が，写実的に表現することがよいという傾向になることです。休み時間，児童の様子を見ていると，自由ノートに，アニメのキャラクターをかいている子供を見ます。そして，その周りに子供たちが集まり，「上手だね」「自分のもかいて」などと話しています。また，図画工作科の授業でも「本物みたいにつくりたい」「リアルにしたい」と表現しようとしている児童もいます。そうなると，うまくかける児童は，表現に自信をもち，ますます図画工作科の授業が楽しくなると思います。

　一方，うまくかけないと思ってしまった児童は，表現に対して苦手意識が芽生え，授業が好きでなくなったり，表現をしなくなったりしてしまう可能性があります。

　そして，もう1つの理由は，他者の評価を気にするようになることです。低学年の児童は，そうした意識がまだ希薄なので，自分の表現したいものを思いのままに表現していきます。中学年の児童は，そういうわけにはいかなくなることが多いです。例えば，教師が机間指導で回っていると，自分の絵を隠すような仕草をしたり，全く表現に向かおうとしなくなったりする児童がいるのは，苦手意識が背景にあるように思います。

　そこで，こうしたことを踏まえて，図画工作科の授業をするにあたり，教材模索と単元構想のポイントは，「他者意識のある題材」「他者（仲間）との関わり合いの場の設定」だと思います。

1　他者意識のある題材

　図画工作科では，自分の思いを表現するときに，その表現に相手のことを考えて製作に取り組ませることで，追求に勢いがついたり継続したりします。他者意識をもたせる題材として，小学4年生の実践「思いを込めて〜お弁当づくり」を紹介します。

　最初に，教師がつくった作品を見せて，誰のための弁当で，どんな思いを込めてつくったのか話します。すると，子供たちは「おいしそう」「思いが込もっている」「自分もお母さんにつくってあげたい」と，多くの気付きが出されます。

　ここで，誰のために，どんな思いを込めるのかをしっかり押さえておくことが大切です。

　次に，素材を選ばせますが基本的に紙粘土，水彩絵の具の他，弁当箱や弁当に使われる串やプラスチック容器等を準備しておきます。そして，必要なものがあれば自分で用意してもよいことを伝えます。例えば，毛糸を持ち込みスパゲティに見立てて使う児童がいます。そうした児童がいたら，全員に紹介していくといいと思います。

子供たちは，他者意識があることで，「おいしそうに」「栄養のバランスを考えて」「彩りを考えて」など，見方・考え方を広げながら製作にのめり込んでいきます。

2　関わり合いの場の設定

他者評価が気になる子供たちだからこそ，あえて関わる場を設定することをおすすめします。そこでは，仲間の表現のよさに触れたり，アドバイスを受けたりすることで，再び追求に勢いがつくことをねらいとします。

> 私は，まりなちゃんがつくっているダンゴムシがすごいとおもいました。なぜかというと，どこからみてもダンゴ虫だし，色だってさい初は，黒だけだとおもっていたけど，ねずみ色もまぜていたのでとってもダンゴムシにみえたからです。もっともっとダンゴムシみたいになったりするから白とかをまぜたらもっとよくなるとおもいます。
>
> （小学4年生　A子の学習記録）

粘土で生き物をつくる授業で，仲間との鑑賞会をして，それぞれの作品のよさを見つけ，自分の製作を見直したいと考えて関わり合いの場を設定しました。児童Aは仲間の作品の色づかいに着目して，「もっともっとダンゴムシみたいになったりするから」と，よりダンゴムシに近づけるために色の工夫をするとよいことを考えています。他者の表現のよさを認め，さらによくするための考えを出し合うことで，子供たちは思いにかなった表現へと向かっていくことができると思います。そして，図画工作科への苦手意識をもつこともなくなっていくでしょう。

（中村　僚志）

題材名：

年　　組　　番　氏名 _____

評価項目	評価場面	評価規準	評価
知識・技能			
思考・判断・表現			
主体的に学習に取り組む態度			

【備考】

題材名：

年　　組　　番　氏名 _____

評価項目	評価場面	評価規準	評価
知識・技能			
思考・判断・表現			
主体的に学習に取り組む態度			

【備考】

第2章

指導から評価まですべてが分かる！テッパン題材モデル28

❶ かお…カオ…どんな顔?　〜自分の顔を見つめて〜

題材の紹介

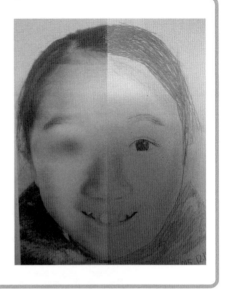

　「似顔絵」は児童が苦手な題材の1つだ。いつも身近にある自分の顔の特徴を捉え,平面に写し取るようにかく本題材は,自分の顔の特徴に気付き,また写実的にかくことが容易にできる題材。

　本題材で身に付けた力を使って,版画や空想画などへ発展させることもでき,応用力の高い題材でもある。

2時間完了

① 目　標

・自分の顔を見つめ,形の複雑さを捉えたり,写実的にかいたりすることができる。

(知識及び技能)

・固定概念から離れ,「顔」を構成する要素の凹凸や形の複雑さに気付き,平面上にかき表すことができる。　　　(思考力,判断力,表現力等)

・自分の顔に興味をもち,その形の複雑さや一人ひとり形が違うことのおもしろさを感じることができる。　　　(学びに向かう力,人間性等)

② 準備物等

教師:八ツ切画用紙に印刷した児童の白黒の顔写真(中央から右半分をトリミングしたもの)

児童:鉛筆(濃さの違うものがあるとよい)

半分は白黒写真
(顔写真のため目元の処理がしてあります)

3 評価シート　かお…カオ…どんな顔？　～自分の顔を見つめて～

評価項目	評価場面	評価規準	評価
知識・技能	⑥	左半分の顔写真をよく観察し，その形を右半分にかくことができる。	
	⑥	目，鼻，口の大きさ，耳の位置などを正確に捉え，写実的にかくことができる。	
思考・判断・表現	④	導入でかいた自分の顔と，実際の顔とを比較し，その違いに気付くことができる。	
	③	顔を構成する要素の凹凸や複雑な曲線をかくことができる。	
主体的に学習に取り組む態度	②	自分の顔に興味をもち，その形の複雑さや一人ひとり形が違うことのおもしろさを感じ取ろうとしている。	

授業づくりのアドバイス

　児童にとって「顔」をかく機会は多い。図画工作科の授業に限らず，休み時間に好きな漫画をかいたりキャラクターをかいたりすることもあります。しかし，自画像をかかせて

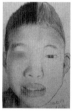

みると，どの児童も固定概念に縛られた，楕円形の目，小さい鼻，三日月型の笑った口をかいています。本題材は，その概念から脱却し本当の自分の顔を見つめ，かくことができる内容です。自分の顔や友人の顔のつくりに興味をもち，「顔」のもつ個性や複雑さ，おもしろさを，他の製作にも応用することができる題材です。自分の姿を作品に表す彫刻や版画などの題材で，本題材の経験が生かされた"自分自身"を表現することができるでしょう。

　指導で特に強調したいことは，自分の顔だけがもつ曲線や形を意識させることです。そのために，かく前には必ず手で触れる経験をさせ，凹凸や曲線を触覚で意識させてから，平面にかかせます。顔をかくことに苦手意識がある児童でも，でき上がった作品を見ると，どの児童も達成感に満ちており「先生，飾って」と言って，笑顔で作品を持ってきます。

① 自分の顔をかいてみよう　　　（気付き）

・目ってどういう形かな

・鼻はどうやってかけばいいんだろう

・口は三日月みたいな形だよね

⇨指導ポイント①

・思うように自分の顔をかくことで，マンガやイラストに多くあるような，固定概念による「顔」をかいていることに気付かせたい

◀概念による顔

② 自分の顔を触ってみよう　　　（気付き）

・顔で一番高い場所は鼻だよ

・鼻は小鼻があるから３つの○からできているみたい。真ん中の○が一番大きくて高いよ

・目頭のところは思ったより凹んでいる

・鼻の幅と口の幅は同じぐらいだったよ

⇨指導ポイント②

・教師が率先して「まぶたを触ってみよう」「鼻の穴は正面からはどう見えるかな？」など，声をかけながら触るポイントを伝える

・目・口・鼻などの単体ではなく，凹凸として感じるために，「顔の中で一番高い場所は？　低い場所は？」など声をかけ，顔は凹凸の連続であることに気付かせたい

③ 感じた顔をかいてみよう

　　　　　　　　　　（思考力・表現力）

・目は，楕円形ではなくて，上まぶたと下まぶたが重なっているようだったよ

・凹凸はどうやってかいたらいいのかな

・口には唇があって，上下で形が全然違う

⇨指導ポイント③

・触った後なので，凹凸に気付き，それをかこうとするあまり，かき始められない児童も出てくる。そのときには，まず顔の中心に鼻筋を通し，次に鼻，その後は鼻から外側へ向かって口や目などの順でかき進めるよう伝える

④ 鏡を見たり，触ったりして見つけた形と，かいた絵を比べてみよう　　　（思考力）

・やっぱり鼻の高さをかくことは難しい

・目や口など，形の輪郭が分かるものはかけるけど，鼻のような凹凸で表現するものは，どうやってかいたらいいのかな

⇨指導ポイント④

・凹凸を平面にかくことは非常に難しいが，顔は凹凸でできていることに気付かせるため，鼻やその周辺に注目させる

・影をかこうとしている作品を取り上げ，顔は輪郭線ではなく影の陰影でできていることを知らせる

⑤　**自分の顔を二次元で見てみよう**

（気付き・思考力・判断力）

・白黒印刷だから，鏡で見たカラーの顔をかくより，鉛筆でかきやすそう
・鼻は輪郭線ではなく，影でかくのかな
・隣の子と，自分の顔の形が全然違っておもしろいね

⑥　**対称になる顔をかいてみよう　（技能）**

・中心線を軸にして，左右対称の絵をかけばいいんだね
・軸から何 cm 離れているか定規で調べて，反対側の同じ位置にかいたら左右対称の絵がかけるよ
・手本（右半分の顔）と近いところにかけばいいから，鏡を見てかくよりも形をそのまま写し取ることができる

⑦　**始めにかいた自画像と比べて作品を鑑賞しよう**

・「目ってこうだろう」と思ってかいたけど，実際はとても複雑な形だった
・マンガのように単純な線や形でかいていたけど，どの顔も単純な部分は１つもなくて，また，だれかと同じ形もない
・この形，この凹凸，この顔は，この世に１つしかない大切な自分の顔で，同じように，どの子も大切な存在なんだ

➲指導ポイント⑤

・右半分だけが白黒で印刷された用紙を渡し，じっくり観察させる

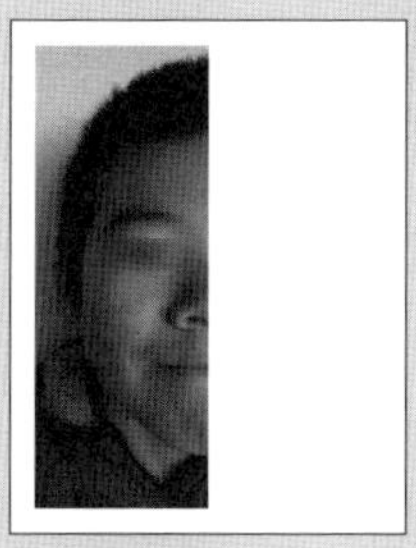

◀写真の右半分にかく

➲指導ポイント⑥

・まぶたの上下の曲線の違い，唇の複雑な形などに注目させ，一人ひとりの顔がもつ，異なった複雑さこそ，自分だけがもつ個性だと気付かせ，そのよさを感じさせる

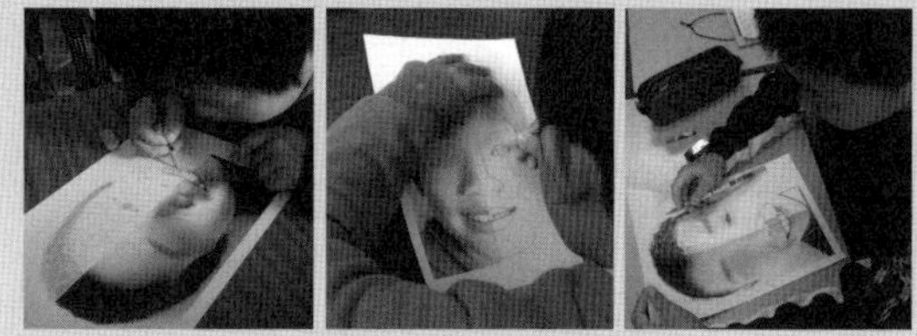

左右対称にかく

➲指導ポイント⑦

・①でかいた自画像と⑥でかいた自画像を並べて比較し，自分の顔がもつ自分だけの形や凹凸に気付かせる
・友人の作品も①と⑥を比較して鑑賞することで，友人の顔の個性や，自分の顔との違いに気付かせる
・一人ひとり違うからこそのよさを感じさせたい

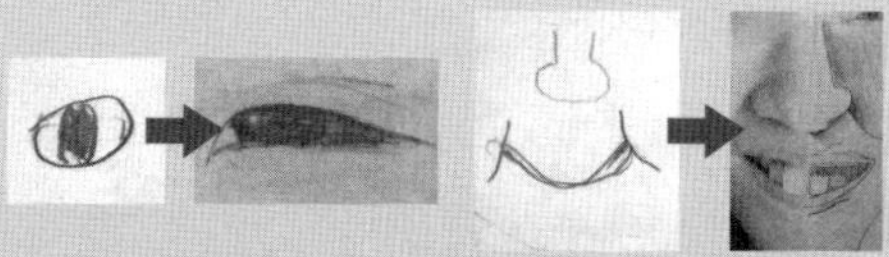

概念でかいていた顔が，自分だけの顔に

（谷中　あき子）

絵画　立体　工作　造形遊び　鑑賞

❷ 楽きをえんそうする友だち
～モチーフをじっくりと見つめて～

題材の紹介

　児童が抵抗なく感じたままにかき上げていく自由な表現から，モチーフをじっくりと観察しながら正確に形を捉えようと努力する表現へとステップアップするための題材。

9 時間完了

❶　目　標

・人物や楽器の形を正確にかいたり，水彩絵の具を使って混色や彩色したりすることができる。

（知識及び技能）

・体のパーツや楽器の大きさのバランスや，ものの前後関係を考えながら画面を構成することができる。　　　　　　　　　　　　　　　　　　（思考力，判断力，表現力等）

・完成した作品の良し悪しだけではなく，モチーフをじっくりと観察し，かき上げていくことのおもしろさに気付いている。　　　　　　　　（学びに向かう力，人間性等）

❷　準備物等

教師：

・楽器（例：リコーダー，すず，タンバリン，カスタネット，ウッドブロック，鍵盤ハーモニカ　など）

・油性ペン（輪郭線をかく際に使用）

・四ツ切画用紙（白茶色）

　かき慣れたサイズであり，机上での製作に適当である。また，白茶色を用いることで背景を彩色する必要がなくなる。

・教師が用意したかき方の参考作品

児童：

・水彩絵の具（全色使用，平筆，丸筆）

絵の具の配分を考えながら混色する児童

3 評価シート　楽きをえんそうする友だち　〜モチーフをじっくりと見つめて〜

項　目	評価場面	評価規準	評　価
知識・技能	④	友人や楽器をじっくりと見てかくことができる。	
	⑤⑥	絵の具を混ぜて新しい色をつくることができる。	
思考・判断・表現	③	体の部分や楽器の大きさに気を付けることができる。	
	①	ものの前と後ろに気付くことができる。	
主体的に学習に取り組む態度	③	友人や楽器をじっくりと見て，絵をかくことを楽もうとしている。	

授業づくりのアドバイス

　人物画は，アニメのキャラクターのように単純でもなく，静物のようにじっとしていないこともあり，かくことに抵抗を感じる児童が多いと感じます。このような抵抗を感じる児童でも，人物をかくことに楽しみややりがいを感じてもらいたいと思い，この題材を考えました。

　発達段階上，児童の集中力は大変短いため，長時間に渡ってじっくりとかき続けるということは難しいです。よって，本実践では，黙々とかき続けさせるのではなく，友人と手や体を動かしてポーズを考えたり，確認パズルや教師の参考作品などと触れ合ったりすることで，児童のつまずきの解消に努めました。

　でき上がった作品の表現には個人差があり，まだまだイラストのような表現の作品もありましたが，児童の未熟な部分を支援するための手だての工夫が，児童の製作意欲を高めることになると実感できた実践です。ぜひ，参考にしてみてください。

4 指導過程

① 自分の手をかこう　　（イメージづくり）

・手には，つめ，毛，間接，しわとかがある
　よ

・ピースは指が重なっていて，どこからかけ
　ばいいのか分からない

・後ろにある指がすけて見えちゃった

② 歯みがきをする友達をかこう

　　　　　　　　　　　　　（イメージづくり）

・先生は，顔からかかないで，歯ブラシから
　かいてたよ

・腕を入れるためには，肘をこうやって曲げ
　ればいいのかな

・じっと止まってるのって，疲れるな

・友達が動くから，かくのが難しい

③ 楽器とポーズを考えよう　　　　（構想）

・いろんな楽器があって悩むな

・画用紙が縦だから，リコーダーがいいかな

・ウッドブロックは，どうやって持つと画用
　紙の中にかけるのかな

・楽器をたたいているようにしたいから，腕
　を曲げてみて

・リコーダーをもっと斜めにすると楽しそう
　だよ

④ どこからかけばいいかな　　　　（構想）

・タンバリンをたたく方の手が一番前にある
　と思うよ

・リコーダーの穴を押さえる指からかくんじ
　ゃない

・タンバリンって，顔よりも，手のひらより
　も大きいんだね

➡指導ポイント①

・指が透けている作品と透けていない作品を
　提示しながら，一番前にある指からかくよ
　うに伝え，モチーフの前後関係を意識させ
　る

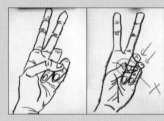

◀前後関係を確
認する参考作品

➡指導ポイント②

・モデルとなる児童をデッサンする様子を見
　せ，教師のかく手順に注目させる

・師範する際には，消極的な表現をさせない
　ように，画面からはみ出すように大きくか
　くことを意識する

・お互いにモデルとなり，ポーズを考える

➡指導ポイント③

・音楽の授業で使用した楽器を楽器ボックス
　に入れ，自由に選択できるようにする

・ポーズの資料作品を参考にし，ポーズを考
　える

➡指導ポイント④

・お互いにポーズをとって，前後関係を話し
　合う

・前後関係のイメージが難しい児童は，パー
　ツのパズルを使って確認する

ポーズを話し合う様子と確認パズル

⑤　肌の色を塗ろう　　　　　　　（表現）

・白，黄，赤，（黄土）だけで肌の色がつくれたよ

・○○ちゃんの顔の色は，こんな感じかなのかな

・ほっぺたに赤を混ぜていいですか

・べたべたぬるよりも，点々で塗った方がリアルに見えるかも

⑥　かみの毛を塗ろう　　　　　　（表現）

・○○くんのかみの毛は，茶色に少し黒色をまぜた色がいいかも

・光が当たるところは，こげ茶色にしよう

・一本一本かくと，ふさふさに見えるね

⑦　服を塗ろう　　　　　　　　　（表現）

・体操服のかげは，白に何を混ぜるとできるかな

・水色を混ぜたらいい感じだよ

・ねずみ色を混ぜても，うまくかけたよ

⑧　目，口，はな，まゆ毛を塗ろう　（表現）

・細かいところは，細筆で塗った方が塗りやすいな

⑨　楽器を塗ろう　　　　　　　　（表現）

・リコーダーの色をつくりたいから，リコーダーを画用紙の上にのせていいですか

・銀色の部分は，黒と白を混ぜるといいよ

⑩　友人の作品のすてきを見つけよう（鑑賞）

・歯が１本ずつかいてあって，細かいなと思いました

・かみの毛の色が○○くんそっくりで，すごいと思った

・腕の曲がっている感じが本物みたいだった

・すごく楽しそうなポーズだと思います

・Ｔシャツの模様までかいているから，すごいと思いました

➡指導ポイント⑤⑥⑦⑧⑨

・混色をする際のパレットの使い方や適切な水加減について示範したり，板書したりする

・べた塗りの作品と薄めに溶いた絵の具で点を用いて塗った作品を比較することで，筆使いを伝える

・乾いた後に，異なる色の絵の具を重ねていくことで立体感が生まれることを伝える

・色塗りが苦手ですぐに飽きてしまう児童には，具体的な助言をすることで根気強く取り組めるように支援する

楽器をじっくりと観察する児童

➡指導ポイント⑩

・授業の中で大切にしていたポイントに注目して，友人のすてきを見つけるように伝える

・短い言葉であっても自らの言葉で表現するように伝え，称賛する

（實松　理沙）

❸ 水さい絵の具でかく自分 〜楽しかったこと〜

題材の紹介

水彩絵の具やクレヨンなどの身近な画材の生かし方をいくつか体験し，それを組み合わせて学校生活の中の楽しかった思い出を楽しく色鮮やかに表現していくことができる題材。

〈簡単なプロセス〉
①鑑賞会を行い，作品に込められた気持ちや思いに気付く。
②水彩絵の具の混色の仕方，着彩の仕方を練習する。
③練習した技法を生かして製作する。

8時間完了

1　目　標

・自分の顔の表情や体全体をよく観察し，顔のパーツのバランスや体の動きを捉えてかくことができる。
(知識及び技能)

・着彩練習を通して対象に合った着彩の仕方を考え，質感を表現することができる。
(思考力，判断力，表現力等)

・自分の顔の表情や体全体をよく観察しながら動きやバランスを捉えて表現している。
(学びに向かう力，人間性等)

2　準備物等

教師：

・クレヨン・パスもしくはコンテ（茶色や黄土色のものがよい）
下絵の輪郭をなぞり，絵の具をはじく効果を利用する。

・八ツ切画用紙（下描きや着彩の時間を考慮すると，
八ツ切画用紙の大きさが適当）

・ワークシート（鑑賞用），新聞紙

児童：

・写真や鏡（鏡は大きいものがよい）
自分の顔を観察する際に利用する。

・水彩絵の具（赤，青，黄，白，黒を使用。透明水彩，
不透明水彩のどちらでも可能）

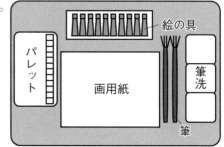

机上の環境

❸ 評価シート　水さい絵の具でかく自分 ～楽しかったこと～

評価項目	評価場面	評価規準	評価
知識・技能	③⑥	自分の顔の表情や体全体をよく観察し，顔のパーツのバランスや体の動きを捉えてかくことができる。	
思考・判断・表現	⑦⑧	着彩練習を通して対象に合った着彩の仕方を考え，質感を表現することができる。	
主体的に学習に取り組む態度	⑥⑧	自分の顔の表情や体全体をよく観察しながら動きやバランスを捉えて表現しようとしている。	

授業づくりのアドバイス

　「下描きまではがんばれるのに，絵の具を使うとへたになっちゃう」という児童の言葉を，小中学校で勤務させていただいている中で何度も聞いたことがあります。この題材では，児童ががんばってきたことや，友人との楽しい思い出が製作へ向かうエネルギーになります。また，この題材に限らず，児童は「満足のいく作品がつくりたい」という思いを強くもっています。しかし，絵の具という道具で何ができるのか，どんな表現につながるのかに気付かないまま製作に臨んでいくことで，児童は自分の作品に自信をなくしてしまうことがあります。そこでこの題材では製作に入る前に「カラフルパレット」と「カラフルツリー」という２つの練習段階を設け，絵の具でできることに気付かせようと考えました。

　指導で特に強調したいことは以下の３点です。

・導入時に，自分の楽しかった思い出を語らせ，その様子を自分の体で再現させることで作品のイメージをもたせること

・描画時には，一番表現したいもの（自分の表情）からかくことを指導すること

・着彩時には，練習で見つけた工夫を振り返らせ，対象に合わせて着彩の仕方を変えていくことを指導すること

　練習段階を設けたことで児童は自信をもって製作に取り組むことができます。でき上がった作品にもとても満足していました。ぜひ，実践してみてください。

絵画

立体

工作

造形遊び

鑑賞

❹　指導過程

① 小学校生活の中の楽しい思い出を話し合おう　　　　　　　（イメージづくり）
・なわとび大会が楽しかったよ
・友達と遊ぶことが楽しいよ
・リレーの練習をがんばったし，楽しかったよ

② みんなの作品を見てみよう　　　　（鑑賞）
・とても明るい表情をしているね
・ほっぺの色が赤くて，温かい感じがするよ
・歯が見えるととても笑顔に見えるね
・人が大きくて迫力があるよ
・後ろの木ももしゃもしゃしていておもしろいな

③ どんな風に絵をかくか考えよう　（構想）
・ターザンロープにぶら下がっている自分をかきたいな
・虫取りをしている自分をかきたいよ
・二重跳びが成功したときの顔をかきたいな
・顔を大きくかいたほうがよい表情をかけそうだよ

④ 色づくりの練習　カラフルパレットをつくろう　　　　　　　（表現の練習）
・黄，茶，白を混ぜたら肌色に似た色ができたよ
・緑色のつくり方を友達に教えてもらったよ
・黒をそのまま使うよりも，茶色と混ぜたほうが髪の毛の色に近づいたよ

⑤ 色塗りの練習　カラフルツリーをつくろう　　　　　　　　　（表現の練習）
・木の幹は筆先を縦に使って塗るときれいに塗れたよ
・葉っぱを塗るときは色を少しずつ変えてぽんぽんと筆を置くといいな

➡指導ポイント①
・遊ぶことだけでなく，努力してできるようになった経験なども引き出す

➡指導ポイント②③
・児童の気付きを「人物の表情に関する内容」「背景に関する内容」「全体のバランスや体の動きに関する内容」などに分類して板書する
・「そのときはどんな顔かな」「どんな動きをしているかな」と聞き，ポーズをとらせる
・かくポーズや表情が決まったら鉛筆で下描きを始める。顔→手→腕や胴体→背景の順にかき進めると，画面を大きく使って元気よくかくことができる
・顔はおおよその大きさを薄くかいた後，鏡や写真などを見ながら鼻→目や口→眉毛や輪郭の順にかき進めるとバランスよくかくことができる

➡指導ポイント④
・赤・青・黄の三原色を混色して色をつくることを説明する
・できるだけ多くの色をつくり出すことを目標として示す
・友人とカラフルパレットを見せ合わせ，どんな組み合わせで色づくりをしたのか質問できる時間を設けるとよい

➡指導ポイント⑤
・参考作品を提示しながら，背景の着彩の工夫を見つけさせたり，校庭の木を観察させて木の様子を発表させたりする
・絵の具に混ぜる水の量や筆の置き方の変化で色の見え方が変わることを押さえる

⑥　どんな風に色を塗るか考えよう　（構想）
・肌の色は黄色と茶色と白を混ぜてつくっていこう
・顔や木の葉はぽんぽんと筆を置いていこう
・髪の毛は筆先を使って一本一本丁寧にかいていこう

⑦　着彩しよう⑴　　　　　　　　　（表現）
・鉛筆の線をクレヨンでなぞろう
・今までの練習でつくった色を試そう
・つくった肌色に少しだけ赤を混ぜたら唇の色ができたよ

⑧　みんなの作品を見て参考に　　　（鑑賞）
・空の色は青を水で薄めるときれいになるんだね
・何度も色を塗り重ねると色がはっきりと見えるね
・自分もやってみよう

⑨　着彩しよう⑵　　　　　　　　　（表現）
・自分の顔を何度も塗り重ねたら，前よりも迫力が出たよ
・人と背景の色の塗り方を変えてみたよ
・木の枝を細筆でかき足したよ

⑩　完成した作品を鑑賞しよう　　　（鑑賞）
・とても笑顔で，楽しい気持ちが伝わってくるよ
・髪の毛が一本一本丁寧にかかれていて，とてもがんばってかいたことが分かるよ
・背景の木の葉が，まるで生きているみたいだよ
・みんなですてきな作品がかけたよ

⑪　みんなの作品を展示して多くの人に見てもらおう　　　　　　　　（作品発表会）
・すてきな作品だねってほめてもらったよ
・色がきれいだと言われてうれしかったよ

〇指導ポイント⑥⑦⑧⑨
・④⑤の活動の中での児童の気付きを板書し，カラフルパレットやカラフルツリーなどの練習作品を掲示する
・鉛筆でかいた線が消えてしまわないように，クレヨンやコンテで線をなぞることを説明する
・黒はなるべく使わず，特に暗い部分を着彩するときに他の色と混ぜて使うように指示する
・中間鑑賞（⑧）の中で見つけた友人の表現のよさを自分の作品に取り入れてもよいことを伝える

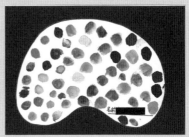

色づくりの練習　カラフルパレット

色ぬりの練習　カラフルツリー

〇指導ポイント⑩
・よさを見つけさせる際に，なぜよいと感じたのかを表出させるよう心がける

〇指導ポイント⑪
・校内展や各市町村で開催されている展覧会等に全員の作品を展示して多くの人に見てもらう

（杉浦　義隆）

❹ 新しゅ発見！ ～でこぼこもようのなかまたち～

題材の紹介

　家庭にある身辺材料を版に使って，凸版版画を製作する。緩衝材，毛糸，ネット，片面ボール紙，レース生地，アルミホイル等を使うことで，様々な模様を写し取り，各素材の効果を生かした表現ができる題材。

10時間完了

1　目　標

・素材のもつ特徴を知り，十分な効果が得られるように，材料を切り貼りしたり版画に刷ったりすることができる。　　　　　　　　　　　　　　　　　　　　（知識及び技能）

・素材を使った版の効果からイメージし，自分のつくりたい生き物を工夫して表したり，友人の作品のよさに気付いたりすることができる。　　　　　（思考力，判断力，表現力等）

・色々な材料を版に使って，自分だけの表現を大切にしながら，愛着と自信をもって作品づくりに取り組んでいる。　　　　　　　　　　　　　　　（学びに向かう力，人間性等）

2　準備物等

教師：

・ボール紙（台紙として使用する）

・水性インク（黒・赤・黄・青・緑・茶・白，混色あり）

・たんぽ（素材とボール紙の境目にインクが入り込むことで，形や模様を明確に写し取れる）

・ワークシート

・付箋（３色）

・版画紙

・家庭にある身辺
　材料（例：緩衝
　材，毛糸，ネッ
　ト，片面ボール紙，レース生地，アルミホイル，スパンコール，輪ゴム，クリップ等）

身辺材料(右から緩衝材・ネット・レース生地・網目の布地・毛糸・麻布)

児童：はさみ，のり

3 評価シート　新しゅ発見！　〜でこぼこもようのなかまたち〜

評価項目	評価場面	評価規準	評価
知識・技能	④⑦	素材のもつ特徴を知り，十分な効果が得られるように，材料を切り貼りしたり版画に刷ったりすることができる。	
思考・判断・表現	⑥	素材を使った版の効果からイメージし，自分のつくりたい生き物を工夫して表したり，友人の作品のよさに気付いたりすることができる。	
主体的に学習に取り組む態度	⑧	色々な材料を版に使って，自分だけの表現を大切にしながら，愛着と自信をもって作品づくりに取り組もうとしている。	

授業づくりのアドバイス

　この題材は，身辺材料を版に使うことで，水玉や縞など，色々な模様を写し出すことができます。授業では，生き物をテーマにして，写し出した模様を毛皮やうろこなどに見立てました。授業者のアイデアや工夫によって風景画や空想画にも使えます。

　指導で特に強調したいことは，以下の３点です。

・児童が考えた新種の生き物の生態を細かく設定することでこだわりをもたせ，自分の考えに合った素材を選ばせること

・素材の版から得られるイメージを言語化する場や，それを友人と意見交流する場を設定することで，素材のもつ特徴に注目して発想をふくらませること

・友人のアドバイスを，自分の作品をよくするために取捨選択させることで，自分の考えを大切にした作品に仕上げさせること

　版をアルミホイルで包むことで，素材をボール紙の台紙からはがしやすくなり，素材を色々と取り替えて試すことが可能です。繰り返しつくり直すことで，自分の考えに合った作品に近づけることができます。また，アドバイスをし合うことで自分の発想を深く掘り下げて，もっとよい作品にするために向上心をもって取り組むこともできます。児童は，完成した自分の作品に対して，自信と愛着をもつことができました。

絵画
立体
工作
造形遊び
鑑賞

4 指導過程

① **新種の生き物を考えよう** （構想）

・寒い所に住んでいる鳥だから，暖かそうな毛皮を持っているよ

・新しいチョウを考えたよ。羽は，きれいな模様にしたいな

・このサメは，体中が鋭いとげでいっぱいなんだよ

② **色々な材料を版にして，刷ってみよう** （知識及び技能）

・きれいな水玉模様だね【緩衝材】

・ふわふわで気持ちよさそう【毛糸】

・トカゲやヘビの体みたい【ネット】

③ **できた模様が，どんな言葉になるだろう** （構想）

・魚のうろこみたい【プチプチシート】

・暖かそう【毛糸】

・トカゲの体みたい【ネット】

④ **色々な材料を使って，新種の生き物をつくろう** （表現）

・緩衝材を使って目をつくってみよう

・毛糸を交差して貼ったら，うろこに見えるかな

・レース生地のきれいな模様を，チョウの羽にしてみよう

・アルミホイルで包まない方が，きれいに模様が写るかな

・アルミホイルの上から材料を貼ってみようかな

⑤ **自分や友人の作品を見てみよう** （鑑賞）

・プチプチ模様がはっきり写っているところが気に入っているよ

・牙が鋭くないから，別の材料を使おう

➡指導ポイント①

・具体的な生き物の発想がわくように，生息地，気候，えさなど細かな設定を決めさせる

この生き物の名前は？	メチハカ がえる
どこに住んでいる？	ジャングル
体の大きさは？	7cmぐらい

生き物の生態を細かく決める

➡指導ポイント②

・複数の色で細かな表現ができるように，たんぽによるインクのつけ方の技法を修得させる

➡指導ポイント③

・素材の版から発想をふくらませるために，版から得られる印象の言葉を付箋に書いて版のサンプル集に貼らせる

➡指導ポイント④

・具体的な考えをもって作品づくりができるように，どこに何の素材を使うのかを書かせる

・素材を取り替えて，様々な版の効果を試すことができるように，素材と台紙をアルミホイルで包むようにする

◀アルミホイルで包む前と包んだ後

➡指導ポイント⑤

・新種の生き物の設定をもとにアドバイスし合えるように，よくしたい点を黄色の付箋に書いて提示させる

◀よくしたい点を黄色の付箋で書く

28

⑥　友人からアドバイスをもらおう　（構想）

〈友人の作品のよいところ（青の付箋）〉

・プチプチシートの模様が，とてもきれいに
　写せたね

・毛糸の体が暖かそうだね

〈アドバイス（赤の付箋）〉

・緩衝材をネットに変えたらどうかな

・毛糸の量を増やしてみたらどうかな

〈アドバイスを受けて〉

・○○さんのアドバイス通りに，毛糸を増や
　してつけてみようかな

・○○さんは，材料をプチプチシートからネ
　ットに変えた方がいいとアドバイスしてく
　れたけど，このプチプチ模様にした理由が
　あるから，変えないでおこう

⑦　アドバイスをもとに，生き物を生まれ変
　わらせよう　　　　　　　　　　（表現）

・もっと違う種類のネットで試してみようか
　な

・毛糸を短く切ったから，取れないようにア
　ルミホイルで包もう

・○○さんが，レース生地を使った方がいい
　とアドバイスをしてくれたから，試してみ
　ようかな

・アルミホイルで包んだ版と，包まない版で
　は，どちらがいいかな

⑧　生き物図鑑をつくって，友人と作品を見
　せ合おう　　　　　　　　　　　（鑑賞）

・緩衝材が，色々な生き物に変身したね

・毛糸は，短く切ったり丸めたりすると，
　色々な動物の毛皮になるね

・ぼくのアドバイスでつくってくれて，うれ
　しいな

・たくさんの種類のネットを使ったね

➡指導ポイント⑥

・作品のよいところとアドバイスがそれぞれ
　分かりやすいように，赤と青の二色の付箋
　に書かせる

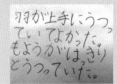

よい所（青・左）とアドバイス（赤・右）

・アドバイスの参考になるように，版を言語
　化したサンプル集を振り返らせる

言語化したサンプル集を掲示したもの

➡指導ポイント⑦

・材料を使った版が効果的に刷れたかを確認
　できるように，試し刷りコーナーを設置し
　て活用させる

試し刷りは，何度もできるようにする

➡指導ポイント⑧

・作品の工夫が分かるように，生き物の設定
　や，使った材料を説明する欄を設けた紹介
　カードに書かせる

拡大
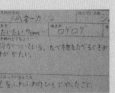

図鑑のように生き物の説明文をつける

（仙田　敦志）

絵画
立体
工作
造形遊び
鑑賞

❺ ぼくらの魚がおよぎだした ～紙版画～

題材の紹介

　夏休み明け，海や川など休みの記憶も新しい児童と水族館へ出かけ，魚をスケッチして紙版画にした。魚の動きを表す中で思いは，ふくらむ。児童が主体的に身に付けた技法を生かし，製作に取り組む姿を求めた題材。

〈簡単なプロセス〉

①魚をスケッチする。

②紙版をつくり試し刷りをする。

③刷りや混色に慣れる。

④作品の構想を練る。

⑤本製作をする。

14時間完了

ウツボの群れが，オウムガイの群れと戦う作品

1　目　標

・インクの量の加減やローラーを使った刷り方に慣れ，三原色の色の組み合わせによってできる色や魚の配置によって表せる動きが理解できる。　　　　　　　　　　　　（知識及び技能）

・海の中を魚が楽しく泳ぐ姿をイメージし，作品に込める思いを表すために魚や岩などの配置を決めて画面を構成することができる。　　　　　　　　　　（思考力，判断力，表現力等）

・魚の紙版をつくったり，版画用紙に写したりすることに関心をもち，表し方を楽しんでいる。　　　　　　　　　　　　　　　　　　　　　　　　　　（学びに向かう力，人間性等）

2　準備物等

教師：

・インクをのばすトレイ，ばれん，ペイントローラー（1人1つずつを用意）

・版画紙（練習および本製作用の四ツ切，二ツ切・共同製作用のロール紙）

・水性版画インク（赤，黄，青，黒，白）

児童：水族館でかいたスケッチ，厚紙，木工用接着剤

③ 評価シート　ぼくらの魚がおよぎだした ～紙版画～

評価項目	評価場面	評価規準	評価
知識・技能	②	紙を重ねることで段差ができ，刷り上がると魚の形になることに気付くことができる。	
	④	紙版の置き方で画面に魚の動きが表せることに気付くことができる。	
思考・判断・表現	⑥	思いを表すためにどんな海草や岩などがあるとよいかを考えることができる。	
	⑦	魚が泳ぐ場面をイメージし，適切な版画紙の大きさを選ぶことができる。	
主体的に学習に取り組む態度	②	インクの色の組み合わせを楽しみ，進んで混色をしようとしている。	
	④	動きを表す刷り方を工夫し，自分なりの表し方を見つけようとしている。	

授業づくりのアドバイス

　春を迎え，児童は今年も校庭に出て，緑の若々しい木々を絵にかきました。3年生にとっては，初めての絵の具です。外へ出て，絵筆を取って気持ちよさそうにかいていました。ところが，製作後に話しかけると，「違う，しゃべっていたし，普通の幼稚園児みたいな絵だったし，気に入ってなかった」と意外な答えが返ってきました。「普通の幼稚園児ってどういうこと？」と聞いてみると，他の児童が口を挟んで「わたし，模様もないし，色も混ぜなかった，先生が言うまで」と言いました。「先生が言うまで」自分からは，色をつくったり，幹や葉の模様を工夫したりしていなかったのです。

　児童が自分たちでかかわり合いながらアイデアを出したり，分かったことを共有したりして身に付けた知識や技法は本物です。夢中になり主体的に工夫をしつつ製作することで自分のものになるからです。そういう製作なら「気に入ってなかった」作品には，ならなかったでしょう。本実践は，そんな思いから行った実践です。

　本題材で大切にしたことは，児童の意欲をつなぐ問いの連続，試し刷りなどの繰り返しによる刷りや混色の技能の習得，鑑賞などのかかわり合いによる思考の深まりです。

　実践後，工作の授業では，「先生，曲がらないので段ボールのここ剥がした」「くちばしをつくりたかったから，尖った容器を探してきた」などと，思いを明確にもち，形に表そうと材料の使い方を工夫したり，自ら材料を集めてきたりする児童の姿がありました。

絵画

立体

工作

造形遊び

鑑賞

4　指導過程

① 　お気に入りの魚を見つけに行こう
　（対象を見つめさせ，製作への意欲を高める）

・鮮やかな魚がいてほしくなったよ

・キリンみたいな模様のウツボがいたよ

・ふわふわのくらげがきれいだったよ

② 　スタンプを紙版にして遊ぼう
　（写りを確かめ，インクの量や混色が分かる）

・紙を上に貼ったら，周りが白くなることが
　分かった

・インクの量をどれだけ入れるのか分かった

・２色のインクをまぜたらすてきな色になっ
　たけど，３色にインクを混ぜすぎたときに
　は，暗い色になった

③ 　友人の作品を見てみよう
　　（魚の動きを生む刷り方に気付かせる）

・向きが違うから動く感じがする

・えさを食べているみたいに見える

・１つだけ押すのではなくて何匹も押して動
　きが出る

④ 　ぼくらの魚を泳がせよう⑴
　　（泳いでいる感じを出せる刷り方を試す）

・重ねてみたら，カメが別のカメの上を通っ
　ているみたいだった

・泳いでいる向きを変えたくて（版画用紙
　の）裏から写したら，反対向きに泳いでい
　るみたいにできたし，遠くにいるみたいだ
　った

・魚を半分だけ写したら，ここ（画面の中）
　へ泳いで来たみたいだった

・２色でやったら，虹色の魚になったよ

・いっぱいあると楽しいね。みんなで泳がせ
　てみたいな

➡指導ポイント①：Ａ４上質紙

・魚や海を扱った絵本を読み聞かせてから水
　族館へ行き，泳いでいるイメージをもたせ
　てスケッチさせる

・「お気に入りの魚を探そう」と呼びかけ，
　魚への意識を高め，よく見てスケッチさせる

➡指導ポイント②：四ツ切版画紙

・紙の重なりで凸面ができ，スタンプになる
　ことに気付かせる

・一人ひとりがインクを適量にしたり，混色
　したりを意欲的にできるように，よいとこ
　ろをほめたり，周りに広めたりする

・授業の終わりには，気付いたことを言わせ
　て共有する

➡指導ポイント③：四ツ切版画紙

・友人の作品を鑑賞し，動きを感じる理由を
　考えさせる

➡指導ポイント④：四ツ切版画紙

・刷りのときに，動きを意識した版の置き方
　をする姿勢をほめる

・題材で押さえたい「インクの量」「版の置
　き方」「混色」の定着をねらい，色や刷り
　方における子どもの「困った」を前時まで
　の気付きから，児童に解決させる

・刷り上がった作品を並べて掲示し，共同製
　作への意欲を高める

⑤　海に魚を泳がせよう
（共同製作と鑑賞をして構想をふくらませる）
・○さんのサメが△くんのカニを襲っている
　みたい
・私のカメが魚に襲われている
・○くんのカニと△くんのカニが合戦してい
　るみたい

⑥　海にあるといいものをつくってみよう
　　　　　（場面を演出する版をつくり足す）
・わかめをつくったら，ゆれている感じがし
　て魚があちこち行っているみたい
・色々つくると海の広さが感じられる
・海に入ったことは一度もないけど，自分が
　海の中に泳いでいるみたいに感じる

⑦　ぼくらの魚を泳がせよう⑵
　　　　　（表したい思いをもって本製作をする）
・ウツボがすれ違ったり，一緒に散歩したり
　みたいな場面にするよ
・カメがかくれんぼしているところなので，
　海草や貝をつくってかくれさせたい

⮕**指導ポイント⑤⑥：ロール紙**
・魚を刷ったり，海草や岩を刷ったりすると
　きに刷る場所を児童同士で対話して決めさ
　せる
・鑑賞を通して大きな水槽あるいは海の中に
　色々な場面を見つけさせ，互いの魚が関係
　してストーリー（主題）が生まれているこ
　とに気付かせる

⮕**指導ポイント⑦：半切り，四ツ切**
・動きを表すには，版（魚）の大きさによっ
　て合う版画用紙のサイズがある。無理に大
　きなサイズに統一しない

（服部　誠司）

⑥ ゆかいな生き物たち

題材の紹介

　木版画で刷った黒の背景に，色鮮かなおもしろい模様の生き物たちをいきいきと表現できる題材。

〈簡単なプロセス〉

①生き物の紙版をつくる。

②紙版に模様が出る材料を貼る。

③色インクで刷る。

④背景を木版でつくる。

⑤背景に生き物を貼る。

12時間完了

1　目　標

・身近にある材料を生かして版をつくったり，生き物に合った背景を彫刻刀で彫ったりすることができる。　　　　　　　　　　　　　　　　　　　　　　　　　　　　　　　（知識及び技能）

・生き物の向きや数，色，材料などを工夫して，愉快な生き物たちを表現することができる。
　　　　　　　　　　　　　　　　　　　　　　　　　（思考力，判断力，表現力等）

・友人との意見交換や試行錯誤を通して，版を使った色々な表し方を楽しむことができる。
　　　　　　　　　　　　　　　　　　　　　　　　　（学びに向かう力，人間性等）

2　準備物等

教師：

・版画用インク（黒，赤，青，緑，黄色など）

・版画紙

・画用紙（生き物の型をつくる際に使用）

・木版（背景をつくる際に使用）

児童：

・生き物に貼る身近な材料（例：片面段ボール，薄いボタンなど）

・彫刻刀

・化学接着剤（材料を紙版に貼る際に使用）

・のり，新聞紙，ワークシート

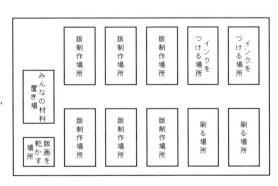

場の設定

③　評価シート　ゆかいな生き物たち

評価項目	評価場面	評価規準	評価
知識・技能	⑤	身近にある材料を生かして版をつくったり生き物に合った背景を彫刻刀で彫ったりすることができる。	
思考・判断・表現	⑧	生き物の向きや数，色，材料などを工夫して愉快な生き物たちを表現することができる。	
主体的に学習に取り組む態度	⑩	友人との意見交換や試行錯誤を通して，版を使った色々な表し方を楽しもうとしている。	

授業づくりのアドバイス

　この題材では，紙，身近な材料，木と様々な種類のものを版として使っています。特に，身近な材料は刷ってみなければどんな模様が出るか分からず，実際に生き物に貼って刷ってみると，思っていたようにはできないこともあります。ぜひ，時間を十分にとり，試行錯誤をさせ，様々な材料を版にすることのおもしろさを味わわせてあげてほしいと思います。

　また，個人作品にとどまらず，みんなで1つの大きな作品を製作しても楽しいです。例えば，森の生き物，海の生き物，野原の生き物などのグループに分かれて，大きな模造紙にそれぞれの背景をかいて，生き物たちを刷っていきます。生き物たちがどんなことをしている様子を表現したいかをグループの友人と相談しながら生き物を刷っていくことで，友人と一緒に作品を製作することの楽しさを味わうことができます。また，自分の生き物を何匹も刷る過程で，同じものを何度も刷れるという版画のよさを改めて味わうこともできます。

　特に強調したい点は，
・できるだけ多くの材料を用意させて，おもしろい模様を発見させる
・生き物の配置を工夫し，いきいきとした様子を表現させる
・製作過程にも友人と作品を見せ合って，よりよい作品づくりのきっかけにさせる
　ぜひ，実践してみてください。

絵画
立体
工作
造形遊び
鑑賞

4 指導過程

① つくりたい生き物を考えよう

（イメージづくり）

・強いライオンをつくりたいな

・きれいな羽根のチョウチョウを刷りたい

・珍しい模様のクワガタにしたいな

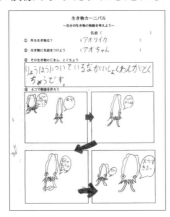

生き物のイメージづくり

② 生き物の紙版をつくろう　　　（表現）

・羽を大きくつくろう

・体のパーツごとに切って動きをつけよう

③ 色々な材料を刷ってみよう

（材料の刷った感じを知る）

・片面段ボールはきれいな縞模様が刷れた

・梱包材はテントウムシの背中に使えそう

・この材料は模様がきれいに出なかったな

④ 材料を貼ろう　　　　　　　　（表現）

・ボタンを目にしよう

・羽に模様をつけたいな

・体に段ボールを貼ってしましまにしよう

⑤ 生き物をたくさん刷ろう　　　（技能）

・色々な色で刷ってみたいな

・違う色で刷ると感じが違うな

・思ったように刷れなかったから，貼る材料
　を変えてみよう

⇒指導ポイント①

・好きな生き物や見た事がある生き物を想起
　させる

・つくりたい生き物の設定を考えさせたり，
　4コマ漫画を描かせたりして，その生き物
　のイメージを具体的にもたせる

⇒指導ポイント②

・1つの作品にその生き物を数匹刷るので，
　版のサイズが大きくなりすぎないように気
　を付けさせる

・版の下描きを切る前にコピーをとっておく
　ことで，うまく刷り上がらなかったとき
　に，つくり直せるようにしておく

⇒指導ポイント③

・用意した材料の一部を切って，画用紙に貼
　り，刷った感じを確かめさせる

・刷ったものを友人と見せ合わせることで，
　様々な材料の刷った感じを知らせる

⇒指導ポイント④

・材料は，自分が持ってきたものの他に，み
　んなが自由に使える材料を種類別に分別し
　て置いておくとよい

⇒指導ポイント⑤

・ローラーにインクをつけて，手前から前方
　へ転がし，浮かせて手前へ戻すを繰り返し
　てインクを均一にする

・凹凸している版では，スポンジローラーの
　ほうが色をつけやすい

・違う色で版をするときは，新聞紙等でイン
　クをしっかり拭き取ってから，次の色をつ
　ける。薄めの色から刷るようにするとよい

⑥ **木版に背景をかこう** （構想）

・クワガタたちが集まれるように，幹を太めにかこう

・生き物の向きに合わせて，木や池をかこう

⑦ **背景を彫って刷ろう** （技能）

・見やすいように線を太く彫ろう

・曲がるところが難しいな

⑧ **生き物の配置を考えよう** （構想）

・背景に合わせて，生き物を置いたよ

・チョウチョを傾けてみたら，ひらひら飛んでいるみたいになったよ

・クワガタ同士を重ねてみたら，クワガタが喧嘩しているみたいになったよ

・置き方を変えると，雰囲気が全然違うな

⑨ **生き物を背景に貼ろう** （表現）

・はがれないようにしっかり貼ろう

・いよいよ完成だ

⑩ **完成した作品を鑑賞しよう** （鑑賞）

・トンボの体がしましま模様になっていて，本物みたい

・魚たちが追いかけっこしているみたいで楽しそうだね

・カエルが背景から飛び出していて，紙の外に跳んでいってしまいそうだね

⑪ **みんなの作品を展示して多くの人に見てもらおう** （作品発表会）

・チョウチョの羽根がおもしろい模様だねってほめてもらったよ

・生き物たちが楽しそうだねって言ってもらえたよ

・刷った生き物を輪郭に沿って切っておく

材料は部分的に貼ってもよい

⮕**指導ポイント⑥**

・刷った生き物を見ながら，背景の大きさやかくものを考えさせる。背景を刷ったときに，左右反対になることに注意させる

⮕**指導ポイント⑦**

・彫刻刀を使うのが初めての場合は，あらかじめ，彫刻刀の使い方を指導しておく

⮕**指導ポイント⑧**

・背景上で生き物を動かして，色々な配置を試させる。生き物同士が重なったり背景から飛び出していたりしてもおもしろい

・配置について，友人にアドバイスをもらったり，配置を工夫した作品の例を見せることで，配置の発想の幅を広げる

⮕**指導ポイント⑨**

・生き物が剥がれないように，隅から隅までのりをつけるように指導する

⮕**指導ポイント⑪**

・校内展や各市町村で開催されている展覧会等に作品を展示して，多くの人に見てもらう

（本多 功典）

絵画
立体
工作
造形遊び
鑑賞

❼　「色・形　いいかんじ！」「お気に入りの場所」

題材の紹介

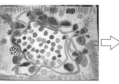

模様と額縁

　「色・形　いいかんじ！」と「お気に入りの場所」の2つの題材を組み合わせ，以下のような流れで校内写生大会としての実践を行った。

① 「色・形　いいかんじ！」の実践

・水彩絵の具の使い方を知る

・自然の美しさを表した色や形の模様をつくる

・模様を鑑賞する

・かいた模様を組み合わせて額縁をつくる

② 「お気に入りの場所」の実践

・自分のつくった額縁を使ってネイチャーゲームをする

・下描きをする

・彩色をする

・友人の作品を鑑賞する

お気に入りの場所

14時間完了

1　目　標

・材料や用具を使って表し方を工夫し，思いを豊かに表現することができる。　（知識及び技能）

・形や色等の造形的な特徴から，表したいこと，表現方法への思いをもつことができる。

（思考力，判断力，表現力等）

・表現への思いをもって，豊かに表現しようと取り組んでいる。　（学びに向かう力，人間性等）

2　準備物

教師：

・画用紙でつくった四角いフレーム

・虫眼鏡

・ワークシート（ネイチャーゲーム・水彩絵の具の技・振り返りカード）

・教師の提示作品

・フォーヴィスムの画家の作品

児童：水彩絵の具

「ネイチャーゲーム」で使用するワークシート

評価項目	評価場面	評価規準	評価
知識・技能	①	思いを豊かに表現するために，表し方を工夫することができる。	
	②	思いに合う色づくりや表現方法を工夫することができる。	
思考・判断・表現	①	形や色等の造形的な特徴から，よさや美しさ，おもしろさを見つけることができる。	
	②	形や色等の造形的な特徴から，新鮮な感動や気付きを得て，創造的に発想を広げ，表したいことへの思いをもつことができる。	
主体的に学習に取り組む態度	②	表現への思いをもって，豊かに表現しようと取り組もうとしている。	

授業づくりのアドバイス

　この実践は，児童の表したい思いや表現方法への思いに共感することで児童につくり出す喜びを味わわせることができます。また，「美は見る人の目の中にある」ということわざにあるように「美」の基準は十人十色であることを知り，自分とは違う多様なものの見方や考え方を共感的に受け止めることができるというよい面があります。当たり前に存在している日々の生活の中から，新鮮な感動や気付きを得られることが児童の感動する心を育てることにつながると考えます。

　この実践で気を付けることは，「これでよい」と児童が主観的に満足してしまうと，創造的な表現技能を高めることが難しくなってしまいます。より美しく創造的に表現するための資質や能力を育成するためにも，客観的に相手からどのように見られるか想像し，自ら課題を見つけ，試行錯誤を繰り返して表現技能を高めていけるようにしていきたいと考えます。そのため，粘り強く表現方法を工夫している児童や，表現力が高まった児童を取り上げて，授業の導入や終末のまとめで紹介していくとよいでしょう。ぜひ，実践してみてください。

絵画

立体

工作

造形遊び

鑑賞

4 指導過程

① 「色・形　いいいかんじ！」の実践

ア　自分なりに感じた春のよさや美しさを見つけ、ワークシートに「色」「雰囲気」「におい」「すきな形・模様」の視点でかこう。

イ　見つけた春のイメージに合う額ぶちの色や模様を考えてかこう。

ウ　その模様を好きな形に切り取って、教師が用意した四角いフレームに組み合わせて貼りつけよう。

② 「お気に入りの場所」の実践

ア　ネイチャーゲームで「美術館めぐり」として、校庭にある植物の中から美しい、おもしろいと思ったものを探して、①の実践でつくった額ぶちのフレームの中にそれを収め、作品にふさわしいタイトルをつけて鑑賞会をする。

イ　「自然へのインタビュー」を行い、興味が惹かれた根拠となる形や色の特徴をもとに、なぜそのような色や形をしているか自分なりのイメージをもとう。

ウ　ネイチャーゲームで見つけた植物を主役として、近景の下描きをする。

エ　遠景は「近景でかいた植物の気持ちを想像し、その植物がお気に入りに感じている場所」、「近景でかいた植物を連れていってあげたい自分のお気に入りの場所」の２つから選ばせてかかせる。

オ　植物の形や色の特徴から連想される自分なりのイメージを思いに応じた表現方法で彩色させる。そのため、フォーヴィスムなどの心象的な作品である、アン

➡指導ポイント②ア・イ

・植物に対し、意思をもつ生き物として向き合えるようにワークシートの項目をつくる

➡指導ポイント②ウ

・虫になった気持ちで、植物の周りを冒険することを呼びかけ、虫眼鏡でよく観察して下描きをかかせる

➡指導ポイント②エ

・近景の植物の存在感が引き立つことを感じさせるために、植物をプロジェクターで映した後、学校の校庭の写真を遠景として重ねて見せる

➡指導ポイント②オ

・変わったかき方だと思うところを探させ、実際の人間の顔の色とは違う色で塗られていることに注目させる。色や筆のタッチで、対象に込められた作者の思いを表せることを伝える

リ・マティスの「帽子の女」を見せる。

カ 「お気に入りの場所」で彩色する前に，「水彩絵の具の技」と題して，「光と影」「色づくり」「筆のタッチ」についてワークシートで練習させ，児童の思いに合う色がつくれるようにする。

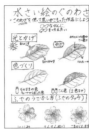

「水彩絵の具の技」のワークシート

キ 「水彩絵の具の技」をつかって思いに合う色や表し方を考えながら近景を彩色する。児童の思いに合う色がつくれるように，ワークシートの裏に試しの色を置いてから彩色させる。

ク 遠景の彩色では，近景の植物が目立つように，近景の植物よりも薄く彩色させる。

ケ 友人の作品のよさやおもしろさを伝え合った後，絵をかいた友人が自分の絵をどんな思いでかいたのか，その思いを表すためにどのようにかいたのか話させる。台紙に他の児童から書いてもらった自分の作品のよさが書かれた付箋を貼らせ，手元に残せるようにする。

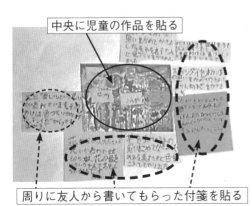

中央に児童の作品を貼る

周りに友人から書いてもらった付箋を貼る

◯指導ポイント②カ

・プロジェクターで教師が彩色する様子を見せながら彩色させる

◯指導ポイント②キ・ク

・児童の表したいイメージを明確にさせるだけでなく，発想を広げ，表し方を工夫している児童の価値付けを行い，表したいイメージを表現できるようにするために，製作中は毎時間全員に言葉かけをする

〈言葉かけのバリエーション〉

「どうして△△（方法・色）で表したの？」

「何に見える？」「どんな感じがする？」

「すごいね！前よりも，△△から○○な感じが，さらに伝わってくるよ」

「△△は，○○な感じがよく出ているね」

「○○な感じを表すために，どんな△△でかいたらいい？」

・遠景を近景よりも薄く彩色させるために，近景の色合いは同じまま，遠景の水加減を変えた資料を提示する。遠景を淡い色合いで彩色した方が近景の植物が目立ち，近景の植物に込めた思いがより伝わることを教える

淡い色合いで彩色した遠景と近景を重ねた資料　　濃い色合いで彩色した遠景と近景を重ねた資料

・「振り返りカード」を用意して，表現の高まりを感じられ，思いを実現していく楽しさを感じることができるように，毎時間ごとの製作終了後の作品の写真を貼って進歩状況を振り返られるようにする

（林　可奈）　　振り返りカード

絵画

立体

工作

造形遊び

鑑賞

❽ 「モチモチの木」の物語の世界
～鑑賞活動と表現活動の一体化を図った実践～

題材の紹介

斎藤隆介の作品である「モチモチの木」を題材にして，鑑賞活動と表現活動を効果的に関連付けた授業展開を考えて実践することで，「モチモチの木」の物語の世界を児童が豊かに表現することができる題材。

16時間完了

1 目 標

・表したい場面の様子を想像し，絵の具や筆，水性ペンの使い方を工夫してかくことができる。

（知識及び技能）

・自分や友人の作品のよさやおもしろさを感じ取ったり，物語の好きな場面を選んで様子を想像しながら，どのように表すかを考えたりすることができる。（思考力，判断力，表現力等）
・物語の好きな場面の様子を想像し，絵に表すことを楽しもうとしている。

（学びに向かう力，人間性等）

2 準備物等

教師：

〈物語の世界をイメージするために行う体験活動で使うもの〉

・落ち葉，わら半紙で作ったちゃんちゃんこ，栃の実

〈発想を広げるために使うサポートブックで必要なもの〉

・画家の作品を印刷したもの，画用紙，ワークシート，木の写真，手鏡，全身鏡，デジタルカメラ，書画カメラ，四ツ切画用紙，八ツ切画用紙（人物用）

児童：

・水彩絵の具，筆，水性ペン
・新聞紙，はさみ，のり

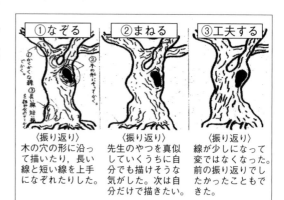

スキルアップタイムのワークシート

❸ **評価シート　「モチモチの木」の物語の世界**

評価項目	評価場面	評価規準	評価
知識・技能	⑥⑦⑧	表したい場面の様子を想像し，絵の具や筆，水性ペンの使い方を工夫してかくことができる。	
思考・判断・表現	④⑤	自分や友人の作品のよさやおもしろさを感じ取ったり，物語の好きな場面を選んで様子を想像しながら，どのように表すかを考えたりすることができる。	
主体的に学習に取り組む態度	①	物語の好きな場面の様子を想像し，絵に表すことを楽しもうとしている。	

授業づくりのアドバイス

　本実践は，児童の思いを大切にしながら満足できる作品をかかせたいという願いから始まりました。校区内にある歩道の「トチノキ通り」で採取した栃の実に触れたり，落ち葉が上からたくさん振ってくる体験をしたり，実際に校庭の木を触ったりと，物語の場面を擬似体験する児童たちの表情は，とてもいきいきとしていました。身近な自然に目を向け，そのよさやおもしろさを感じ取ることが，思いをふくらませる想像力や，新たなものをつくり出す創造力につなげていくことができるおすすめの題材となっています。

指導で特に意識したことは以下の３点です。

・導入で，感性を働かせて学校や地域の自然に触れる体験活動によって，表したいもののイメージを広げること

・目指す画家を決めてから製作に取り組ませることで，自分のイメージを明確にさせたこと

・「色・形・作者の思い」という共通事項を視点にして，作品のよさやおもしろさを見つけ，話し合わせたこと

・導入の時間に絵画レッスンタイムをして，スキルアップタイムでの児童のワークシートを活用して表現技能を段階的に高めたこと

　児童はイメージをふくらませながら，自分の思いに合った作品づくりに懸命に取り組んでいました。ぜひ，実践してみてください。

絵画

立体

工作

造形遊び

鑑賞

4 指導過程

① モチモチの木の世界を体験しよう

（題材と出会い，興味・関心を高める段階）

豆太になりきるために教師が用意したちゃんちゃんこを着て，物語に出てくる場面を体験する。

②③ 目指す画家を決めよう

（発想を広げ，技能をみがく段階）

どんなモチモチの木をかくかを考えるために，5人の作品を取り上げて鑑賞する。その中から，「木」「背景」「人物」について参考にしたい表現を見つけまとめる。

④⑤ 好きな場面の構想図をかこう

（発想を広げ，技能をみがく段階）

モチモチの木の物語の中でかきたい場面を選び，一番印象に残った言葉からウェビング図をかいて，イメージをふくらませる。

また，木，背景，人物をどのようにかきたいかという思いを気持ちカードに書き，構想図をかく。

⑥〜⑭ スキルアップタイム（朝の時間）

朝の時間の15分間を使って，木，背景，人物のかき方を段階的に練習する。スキルアップを図る練習カードを使い，取り組む。

⑥⑦⑧ モチモチの木をかこう

（発想を広げ，技能をみがく段階）

最初に絵画レッスンタイムとして，書画カメラで提示された，朝のスキルアップタイムで取り組んだ練習カードの工夫点を全体で共有する。次に，校庭の様々な木を触ったり，においをかいだりしてイメージを広げる。その後，イメージを構想図カードにかき，画用紙に水性ペンで下絵をかく。

⮕ 指導ポイント①

・モチモチの木の実（栃の実，校区にあるトチノキ通りより収集）や運動場の木を実際に見る，触る，匂いを嗅ぐ活動をしたり，空の色や雲の様子を見たりするように声かけする

落ち葉が落ちてくる場面を体験している様子

⮕ 指導ポイント②③

・点描で明暗を生み出すゴッホ，モネや山田健吾，速水御舟，川合玉堂という5人の作品を取り上げて鑑賞させる

・「色・形・作者の思い」という3つの視点から感じたことをまとめさせる

⮕ 指導ポイント④⑤

・色，形，豆太やじさまの思いについて考えさせる

・気持ちカードは製作中に常に机上に置かせ，いつでも確認できるようにさせる

⮕ 指導ポイント⑥〜⑭

・木はこけ・枝・模様・葉を，人物は顔・体手の形を，背景はモチモチの木に出てくる月や夜空にきらめく星・家を課題とする

・なぞる，まねる，工夫するの3つの段階を踏んで練習させる

⮕ 指導ポイント⑥⑦⑧

・モチモチの木，背景，人物の3つに課題を細分化し，順に製作させる

・導入で，スキルアップタイムで行った練習カードを活用して，児童の表現からかくときのコツを学ばせる

・振り返りカードに表現技能の高まりについ

次時に，色を塗り，「ミニ鑑賞会」を行う。各グループで，友人の作品のよさやおもしろさを伝えたり，友人から作品に込めた思いなどの工夫点を聞いたりする。

その後，自分の作品を完成させる。

⑨⑩⑪　モチモチの木の「背景」をかこう
　　　（発想を広げ，技能をみがく段階）

絵画レッスンタイムで，スキルアップタイムの練習カードや教師が示した作品を参考にして色の塗り方を確認する。

次時に，ミニ鑑賞会では，背景や月，家のかき方について情報交換をし製作する。

⑫⑬⑭　モチモチの木の「人物」をかこう
　　　（発想を広げ，技能をみがく段階）

絵画レッスンタイムで，書画カメラで写された練習カードを見て，かくときに工夫したポイントを発表する。次に，豆太の気持ちを考えながらポーズをとり，デジカメで撮った写真をピクチャーカードとして次時に受け取る。

⑮　作品の説明書を作り，発表しよう
　　（振り返り，つくりだす喜びを味わう段階）

自分の作品の説明書を書き，グループで発表し合う。そして，一人ひとりの作品のよさやおもしろさに合った，「モチモチの○○大賞」を全員がもらえるように話し合う。

⑯　友人の作品を鑑賞しよう
　　（振り返り，つくりだす喜びを味わう段階）

廊下に張り巡らさせた新聞紙でつくった木々に作品を掲示し，3年3組美術館「モチモチの木の世界」をつくる。友人の絵を鑑賞し，友人の作品のよさやおもしろさをワークシートに書く。書いた内容を伝え合い，作品完成までの努力を認め合う。

て感じたことを書かせる

・「ミニ鑑賞会」は，友人の作品から感じたことを発表する「発見タイム」，聞きたいことを質疑応答する「質問タイム」に分けて行わせる

ミニ鑑賞会の様子

⮕**指導ポイント⑨⑩⑪**

・ぼかしの技法を使って星の色の塗り方を教える。

・自分の思いを表現するために工夫した色の塗り方やかき方を発表させる

⮕**指導ポイント⑫⑬⑭**

・絵画レッスンタイムで，目や口，体の形の描き方を工夫して，豆太の気持ちを表現している練習カードを紹介する

・児童の製作途中の作品を見て，できていない表現を中心にかくときのポイントを教示する（本実践では，服や膝のしわのかき方）

・人物は別紙にかき，はさみで切って，背景と木がかかれた四ツ切画用紙に貼る

⮕**指導ポイント⑮**

・「モチモチの木」「背景」「人物」の項目に分け，「色・形・作者の思い」という共通事項の視点をもとに説明書を書かせる

・グループで話し合わせ，一人ひとりの作品のよさやおもしろさを発表させる

⮕**指導ポイント⑯**

・「色・形・作者の思い」の視点を意識しながら鑑賞するように伝える

・友人に作品について質問しながら鑑賞してもよいことを伝え，鑑賞する中で表現方法について学ばせる

（大野　裕）

絵画

立体

工作

造形遊び

鑑賞

❾ 友だちの顔 ～よく見てかこう～

題材の紹介

　友人の表情や体の動きをよく観察し，クレヨン・パスと水彩絵の具で表現する題材。水彩絵の具は三原色に限定し，色をつくるおもしろさや，微妙な色の変化を表現する楽しさを味わう題材。

6時間完了

1　目　標

・友人の表情や体の動きを材料や用具の使い方を工夫ながら表すことができる。

(知識及び技能)

・友人の表情や体の動きを効果的に表現するためには，どのように表したらよいか構想することができる。　　　　　　　　　　　　　　　　　　　　　　(思考力，判断力，表現力等)

・友人と作品を見せ合いながら，表したかった表情や体の動きの表し方の工夫について感じ取っている。　　　　　　　　　　　　　　　　　　　　　　　(学びに向かう力，人間性等)

2　準備物等

教師：四ツ切画用紙，ワークシート

児童：水彩絵の具，クレヨン・パス，水性ペン，新聞紙

③ 評価シート　友だちの顔 ～よく見てかこう～

評価項目	評価場面	評価規準	評価
知識・技能	①	友人の表情や体の動きを材料や用具の使い方を工夫しながら表すことができる。	
思考・判断・表現	②④	友人の表情や体の動きを効果的に表現するためには，どのように表したらよいか構想することができる。	
主体的に学習に取り組む態度	②④	友人と作品を見せ合いながら，表したかった表情や体の動きの表し方の工夫について感じ取ろうとしている。	

授業づくりのアドバイス

　本実践は対象物をよく観察して，かく力を育てる題材です。画面に対して絵が小さくなってしまう児童や，かきたい部分が画面からはみ出してしまう児童のために，最初に画用紙を配付し，友人の顔をどのくらいの大きさで収めるかイメージした後，顔の部分から全体へとかき進めます。

　顔の部分からかくことによって児童は自然にパーツの細部に注目し，隣にあるパーツと大きさや距離感を比較しながらよく観察してかくことができました。

　着彩時には，パーツの色の濃淡や明暗を比較して塗り進めるよう声をかけると，肌色の繊細な色の違いに気付き，自然に立体感が生まれました。また，絵の具を三原色に限定しました。欲しい色を必然的につくることになり，混色する過程では対象物とつくった色の比較を繰り返し，対象物の色に近づけようとしていました。

　鑑賞会では，友人の作品のよいところを伝え合いました。「この作品はＡさんだ。目が似ている」「この背景の色がＢさんの雰囲気に合っているね」等，えがかれた友人と作品を比べながらじっくり鑑賞する姿が見られました。どの児童も友人から認められるとみんな笑顔になり，自分の作品に愛着をもつことができました。ぜひ実践してみてください。

絵画　立体　工作　造形遊び　鑑賞

① 友人をモデルにして，かきたいポーズを
　考えよう　　　　　　　　　　　（構想）

・リコーダーを吹く
・腕を組む
・本を読む
・頬杖をつく

➡指導ポイント①
・色々なポーズをとり，顔の向きや視線，手
　の表情や位置を工夫して，かきたいと思う
　ポーズを決めるように助言する
・かく時間が均等になるよう，時間を計って
　交代できるようにする
・ポーズが決まらない児童には，友人の動き
　を参考にするか，例を挙げた中から選ぶよ
　うに助言する

② 友人にかきたいポーズをとってもらい，
　交代でかこう　　　　　　　　　（表現）

・もう少し左を向いて
・顔はそのままで，こっちを見て
・リコーダーを押さえる指を変えてみて

➡指導ポイント②
・顔のパーツを一つひとつ細部までかき，上
　半身（胸のあたり）までかくよう指示をす
　る

交代でポーズをとり，かく様子

③ みんなの作品を見てみよう　　（鑑賞）

・まゆ毛やまつげが，一本一本描いてあるよ
・口を開けているので，歯や舌までかいてあ
　るね
・顔の向きや手の位置を考えているね
・表情もよく見てかいているね

➡指導ポイント③
・細部までかき込んでいたり，表情を捉えて
　いたりする作品を紹介する

④　三原色で着彩しよう　　　　（表現）

・赤・青・黄の三原色を使って，色を塗るんだね

・三原色だけで，色々な色をつくることができるね

・混ぜてつくると，本物に近い色が出せるね

⑤　みんなの作品を見て参考にしよう（鑑賞）

・私の作品と比べて，たくさんの色を使って顔の色を塗っているよ

・髪の毛の一本一本まで，丁寧にかいているよ

・この作品は指の筋や爪までかいているよ。私も手をかいているので参考にしたいな

⑥　完成した作品を鑑賞しよう　　（鑑賞）

・色々な肌色をつくって塗っているから，立体感があるね

・細かいところまで丁寧にかいて，すごいと言われたよ

・この作品は，友達の特徴をよく捉えているね

・友達に，私の絵の色づかいが好きだと言われて，うれしかったよ

○指導ポイント④

・三原色を使って着彩することを伝える

・肌の色を最初に，髪の毛は最後に塗るように指示する

・肌の色の微妙な色の違いに注目し，色を塗り分けられるようにする

○指導ポイント⑤

・混色，重色等の着彩，細部までかき込んだ線等，友人の作品のよいところを見つけ，自分の製作に生かすよう助言する

○指導ポイント⑥

・友人とペアになり，作品のよいところを見つけ伝え合う

・お気に入りの作品を見つけ，なぜよいと思うのか理由を考え鑑賞カードに詳しく記入する

（山口　美奈）

絵画

立体

工作

造形遊び

鑑賞

作品を鑑賞している様子

細部まで見てかく様子

⑩ 海の中にもぐってみたら
〜モダンテクニックを組み合わせて〜

題材の紹介

　複数のモダンテクニックによってできた模様を切り貼りして組み合わせたり，自分の写真を取り入れたりして，発想豊かに表現できる題材。

12時間完了

1　目　標

・複数のモダンテクニックによってつくられた模様や撮影した自分の写真を組み合わせ，海の中の世界を表現することができる。　　　　　　　　　　　　　　　　　　（知識及び技能）
・モダンテクニックによってつくられた模様からイメージを広げ，海の中の世界の一部に見立てることができる。　　　　　　　　　　　　　　　　　（思考力，判断力，表現力等）
・相互鑑賞の場を生かして友人の考えのよさに気付き，自分の考えを深めながら意欲的に製作に取り組んでいる。　　　　　　　　　　　　　　　　　（学びに向かう力，人間性等）

2　準備物等

教師：
・八ツ切画用紙
・ドリッピング用のストロー
・スパッタリング用の網とブラシ（ブラシは歯ブラシでも可能）
・マーブリング用の専用インクとトレイ（八ツ切画用紙が入る大きさ）
　１セットを４人程度で使用する。
・参考作品（あらかじめ教師が製作したもの）
・Ａ３クリアファイル（八ツ切画用紙が入る大きさ）
・ホワイトボードマーカー
・振り返りシート，ワークシート
児童：水彩絵の具（透明水彩，不透明水彩のどちらでも可能），はさみ

評価項目	評価場面	評価規準	評価
知識・技能	④⑤	複数のモダンテクニックによってつくられた模様や撮影した自分の写真を組み合わせ，海の中の世界を表現することができる。	
思考・判断・表現	⑧⑨⑩	モダンテクニックによってつくられた模様からイメージを広げ，海の中の世界の一部に見立てることができる。	
主体的に学習に取り組む態度	⑥⑫	相互鑑賞の場を生かして友人の考えのよさに気付き，自分の考えを深めながら意欲的に製作に取り組もうとしている。	

授業づくりのアドバイス

　デカルコマニーをはじめ，モダンテクニックは，そのでき上がりがある程度偶然性に左右される技法です。そのため，細かな作業を苦手とする児童も偶然の効果を楽しみ，新たな発見をしながら楽しんで製作に取り組むことができると考えます。図画工作科の学習に意欲的に取り組むことはできても，自分の技能に自信をもって取り組んだり，発想を広げたりすることに苦手意識をもつ児童たちにおすすめの題材です。

　指導で特に強調したいことは以下の3点です。

・事前に教師がモダンテクニックの作品を試作し，児童が実践する際につまずきそうなポイントを把握しておくこと

・モダンテクニックの基本的な技能が定着するように，児童が見つけたコツを全体に広めること

・アドバイス活動において，どんな意見でも尊重して安易に流されてしまうのではなく，友人の意見を受け入れた上で，その中から必要なことを取捨選択し，自分の製作に取り入れるよう指導すること

　製作が始まると児童は夢中になって取り組みますし，友人と話し合いながら製作することで，自らの表現をよりよくできることを実感することができます。ぜひ，実践してみてください。

絵画

立体

工作

造形遊び

鑑賞

4　指導過程

① モダンテクニックの作品を鑑賞しよう
　　　　　　　　　　　　　（イメージつくり）

・模様が不思議な感じがするよ

・どうやってつくったんだろう

・自分の写真も貼ってあるね

② 「デカルコマニー」に挑戦しよう　（表現）

・左右対称の模様になったよ

・紙を合わせると絵の具が広がるね

・絵の具の重なったところがきれいだよ

③ 「ドリッピング」に挑戦しよう　　（表現）

・真上から吹くのとななめから吹くのでは模
　様のでき方が変わるね

・息を吹く強さで広がり方も変わるよ

・ストローを使うと細い線ができるけど直接
　息を吹くと大きく広がるよ

④ 「スパッタリング」に挑戦しよう　（表現）

・水の量を多くするといいよ

・色を重ねるときれいだね

・こする強さで水しぶきの大きさが変わるよ

・網の角でこすると，大きな水しぶきができ
　るよ

⑤ 「マーブリング」に挑戦しよう　　（表現）

・混ぜすぎるとぐちゃぐちゃになってしまう
　ね

・そっと混ぜてみようかな

⑥ 模様を見て「海の中にもぐってみたら」
　　見えるものを伝え合おう　　　　（鑑賞）

・ここが頭で，こっちが尾ひれみたいだから
　イルカに見えるよ

・反対から見たときは気付かなかったな

・紙を回して見ると見え方が変わるね

・遠くからじっと見たら見つかったよ

➡指導ポイント①

・教師が製作した参考作品や，切り取る前の
　作品を見せることで製作の見通しをもた
　せ，やってみたいという気持ちを高める

➡指導ポイント②③④⑤

・毎時間，導入で教師が実演し，製作手順を
　示す

・児童が見つけたコツを全体に広めたり，上
　手にできた児童の作品を紹介したりする

・八ツ切画用紙を複数枚用意して，児童が何
　度も実践できる環境をつくる

・作業しやすいように，机上を整理させる

・児童のつまずきを教師が把握し，次時の学
　習に生かすために，授業を通してうまくい
　ったことだけでなく，困ったことや失敗し
　ことも振り返りシートに記入させる

➡指導ポイント⑥

・モダンテクニックの作品（児童たちが発想
　をふくらませやすいよう，色合いや絵の具
　の配置を工夫したデカルコマニーが適当）
　を１つ提示する

◀提示したデカル
コマニーの作品

・他の方向から見ると見え方が変わることに
　気付かせるために，１班４人で向かい合っ
　て座らせる

・模様からイメージした形を直接かき込める
　よう，提示作品のコピーとペンを配る

・各班のアイデアを全体で共有させる

⑦ 自分の作品の模様が何に見えるか考え，
友人にアドバイスをもらおう （構想）

・模様が海に住む猫の顔に見えるよ

・ここの模様は恐竜の足みたいになるんじゃ
ないかな

・この模様は反対から見るとクラゲにも見え
るよ

友人のアドバイスを参考にかき込ませる

⑧ 試作品をつくって，友人にアドバイスを
もらおう （表現）

・ちょっとななめにして置いてみよう

・小さい形が多いから，もっと大きな形も探
すといいんじゃないかな

・○○くんの意見を参考にしてつくろう

⑨⑩ 海の中にもぐった自分を撮影しよう
（表現）

・笑顔にして楽しそうな雰囲気にしよう

・猫の上から顔を出しているポーズにしよう
かな

・両手を顎の上に乗せてみたらかわいい感じ
になると思うよ

⑪ 海の中の世界を完成させよう （表現）

・形を重ねて貼ってみようかな

・最後の仕上げだから丁寧に貼ろう

⑫ 完成した作品を鑑賞しよう （鑑賞）

・自分では見つけられないような形を見つけ
ていてすごいな

・巨大なタコから逃げているのがよく伝わる
ポーズだね

⮕指導ポイント⑦

・前時に学習した形の見つけ方を参考に考え
させる

・何度も修正できるように，作品をA3クリ
アファイルに入れ，ホワイトボードマーカ
ーでかき込ませる

・技能に自信がない児童のつまずきを解消で
きるように，技能レベルが偏らない4人で
アドバイス活動の班を構成する

⮕指導ポイント⑧

・切り取った形は，アドバイス後に配置を修
正できるように，A3クリアファイルに挟
んで仮固定させる

・自分に必要なアドバイスを取捨選択させる

⮕指導ポイント⑨⑩

・どんな写真を撮りたいか考えさせ，ポーズ
と表情の工夫についてワークシートに記入
させる

・1班4人で撮影し合う

・撮影した画像を見て，修正するポイントを
確認させ，納得するまで撮影させる

⮕指導ポイント⑪

・紙を重ねて貼るときは，上下の位置に注意
させる

⮕指導ポイント⑫

・学習してきたことを振り返らせながら，友
人の作品のよいところを見つけさせる

（小田　淳也）

絵画

立体

工作

造形遊び

鑑賞

⑪ 美じゅつ館をつくろう

題材の紹介

　美術館の作品のほとんどは額装され，展示されている。作品の完成度を上げるだけでなく，作品を鑑賞することを身近に感じられるように，作品の中に額を彫り込み，額装された展示作品に見立てた作品に仕上げる。自分の作品を友人の作品とともに展示し，自分たちの美術館をつくり，鑑賞し合うことで，製作と鑑賞のつながりを感じさせることができるとともに，木版画の特性を学びながら製作を進めることができる題材。

8時間完了

1　目　標

・彫刻刀の特性を生かして版をつくったり，版画の特性を生かして表現することができる。

（知識及び技能）

・かきたいものに合わせて構図を考え，版画の特性を意識して作品の構想を考えることができる。

（思考力，判断力，表現力等）

・彫刻刀を使う活動を楽しみ，木版画を製作するよさを感じ取っている。

（学びに向かう力，人間性等）

2　準備物等

教師：

・黒画用紙（版木のサイズと同じ物）

・版木，カーボン紙，版画紙，ワークシート，ばれん，版画用インク，練り板，ローラー，へら

児童：

・自分のかきたい生き物の資料（毛並みが表現できる動物，うろこや模様がはっきりある魚類や爬虫類，昆虫などが製作しやすい）

・色鉛筆（白を主に使用する）

・彫刻刀セット

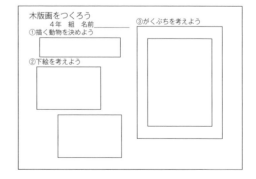

③ 評価シート　美じゅつ館をつくろう

評価項目	評価場面	評価規準	評価
知識・技能	⑤	彫刻刀の特性を生かして版をつくったり版画の特性を生かして表現することができる。	
思考・判断・表現	④	かきたいものに合わせて構図を考え，版画の特性を意識して作品の構想を考えることができる。	
主体的に学習に取り組む態度	⑧	彫刻刀を使う活動を楽しみ，木版画を製作するよさを感じ取ろうとしている。	

授業づくりのアドバイス

　この題材は，生き物の姿や形，特徴を写し取ることが目標ではなく，それらを1つの作品として構成する楽しさを味わう経験になればよいと思います。版画の特性を感じ取り，彫刻刀やばれんの使い方，版画の刷り方など今後の版画製作の基礎を身に付ける機会にしてください。どの領域でも同じですが，基礎的な技術が児童の「表現したい」という気持ちを支えるものになります。新しい技法との出会いにより，児童の表現の幅はぐっと広がるので，どれだけその技法の魅力を伝えられるかが重要なのではないかと思います。木版画製作の基礎を学ぶとともに，額装された美術作品に興味をもたせるきっかけとなり得る題材ですので，参考作品にトリックアートなど児童が興味をもちそうな作品や有名作家の作品を見せたり，指導者の製作した参考作品や児童の作品を見せたりするのもイメージをふくらませるのに有効です。また，指導者が実際につくる様子を見せて授業を展開していくのもおすすめです。実際に製作過程を見ることで，見通しをもつことが難しい児童やイメージをふくらませることに苦手意識をもつ児童の支援にもなります。これからも表現することの楽しさを児童と共有しながら作品をつくっていきたいと思っています。ぜひ，児童と一緒に製作を楽しみながら実践していただければと思います。

④ 指導過程

① 美術館をつくろう

（作品のテーマ設定）

　例：動物美術館をつくろう
　　　生き物美術館をつくろう

➡指導ポイント①

・「生き物を額縁の中に入れる」ということ
　を提示する。彫刻刀の使い方を習得し，特
　徴を理解するために，毛の流れがあるもの
　や鱗，模様がある生き物が取り組みやすい
・選ぶ生き物の条件などを話し合わせてもよ
　い

② 自分のかきたい動物を決めよう

（かきたいもの選ぶ）

・飼っている猫がいいな
・動物園で見たコアラがかわいかったな
・図鑑で見たアムールトラにしよう
・どんなポーズにしたらいいかな

➡指導ポイント②

・図鑑や写真を参考にしながらかかせる
・動物の特徴が出ればよいので，体全体をか
　かずにトリミングしてもよいことを伝える

③ 動物にあった額を考えよう　　　（構想）

・森に住んでいるから葉や花をかこう
・暖かい国のイメージの模様にしたいな
・羽の模様と同じにしたらどうだろう
・片手を額の外に置いてみよう

➡指導ポイント③

・できれば参考作品を提示しながら説明する
・生き物の生活やイメージに合うものなど，
　例を出させながら構想を練らせる
・額から生き物の一部を出すなどの工夫も紹
　介するとよい

◀額縁のイメージ
をもたせる

④ 版画用の下絵をつくろう　　　（構想）

・どうしたらふさふさした毛に見えるかな
・白いところが少ないな
・はっきり模様を見せたいな

➡指導ポイント④

・アイデアスケッチをもとに，黒い画用紙に
　白色鉛筆で下絵をかく（白色鉛筆でかく＝
　彫ると意識づけるため）

・なんだかバランスが悪いから何か背景に加
　えてみようかな
・白でかいたところを彫ると白くなるなんて
　不思議だね

白と黒とのバランスを考える

⑤　版を彫ろう　　　　　　　　　　（表現）
・どの彫刻刀で彫ればいいのかな
・もっと線を増やそう
・どこまで彫れているか確認したいな

➡指導ポイント⑤
・版木の裏に，すべての種類の彫刻刀で名前
　を彫らせ，線の違いを感じ取らせる
・カタカナが彫りやすいことを伝えるとよい

⑥　刷る準備をしよう　　　（構想・表現）
・風が吹いている感じなら青と緑かな
・南の国みたいな明るい色を集めて塗ってみ
　よう
・水の中の色とうろこの色を一緒に使ってみ
　よう

➡指導ポイント⑥
・版画紙の裏から水彩絵の具で彩色させる
・水を多めにして大筆で塗る
・イメージに合う色の選択に迷う児童には，
　好きな色とそれに似た色（同系色）に，ア
　クセントになる色を１色選ぶ方法を提案す
　る

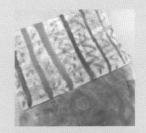

模様や強弱で雰囲気が出る

⑦　刷ってみよう　　　　　　　　　（表現）

➡指導ポイント⑦
・ばれんの使い方，動かし方を指導する
・版画紙の上にあて紙をして刷り取らせる
・力の弱い児童にはプラスチック製のばれん
　が刷り取りやすい

（長谷川　麻紀）

⑧　美術館をつくって鑑賞しよう　　（鑑賞）
・白と黒の比率も見られるので背景など作品
　の全体を捉えることができる。
・目や鼻，体の重なりなど，輪郭線が必要な
　点に注意させる。

⑫ おどりだせ，ねんどリオ！ねんどリーナ！

題材の紹介

体育でリズムダンスを踊った楽しい思い出や経験を生かしながら踊る粘土の妖精「ねんどリオ，ねんどリーナ」を表現する題材。

6時間完了

1　目　標

・土粘土を握り出したり，引っぱったり，ひねったりして，躍動感のある作品をつくることができる。　　　　　　　　　　　　　　　　　　　　　　　　　　（知識及び技能）
・ダンスして楽しかった経験をもとに，ねんどリオ，ねんどリーナの動きを工夫しながらつくることができる。　　　　　　　　　　　　　　（思考力，判断力，表現力等）
・土粘土の感触を味わいながら，手や体全体を使い，塊を様々な形に変化させることを楽しんでいる。　　　　　　　　　　　　　　　　（学びに向かう力，人間性等）

2　準備物等

教師：
・土粘土
　感触を十分に味わうことができるように，1人当たり3kgの土粘土を使用する。
・粘土板
　大量の粘土を使うため，厚みのある木の粘土板を使用する。
・テレビ，デジタルビデオカメラ
　中間鑑賞会で，作品についてアドバイスをし合う際に活用する。
・回転台
　でき上がった作品を色々な方向から見られるようにするため。
・ワークシート（振り返り用，鑑賞会用）

3 評価シート　おどりだせ，ねんどリオ！ねんどリーナ！

評価項目	評価場面	評価規準	評価
知識・技能	②	土粘土を握り出したり，引っぱったり，ひねったりして，躍動感のある作品をつくることができる。	
思考・判断・表現	④	ダンスをして楽しかった経験をもとに，ねんどリオ，ねんどリーナの動きを工夫しながらつくることができる。	
主体的に学習に取り組む態度	②	手や体全体を使って，土粘土を様々な形に変化させることを楽しもうとしている。	

授業づくりのアドバイス

　本題材は，粘土の作品をつくっても，平面的になってしまう児童に対して，色々な方向から見ても楽しい作品をつくらせたいと考え，構想したものです。ダンスをテーマにすることで，体の動きを立体的に表すことができるとともに，様々なポーズの作品を生み出すことができます。体育のリズムダンスの授業と関連させながら，自分たちでポーズをとりながら，「あのダンスのときは，腕はこんなふうになっていたね」「こんなふうにすると，もっとダンスしているみたいに見えるね」など，つくりながら児童同士が対話する姿が見られました。

　作品づくりのポイントは，以下の３点です。

・本製作に入る前に，土粘土を使った造形トレーニングを十分に行う
・体育でのダンス経験を思い出しながら，楽しく形づくりを行う
・中間鑑賞会では，回転台を使って色々な方向から作品を鑑賞する

　これらのポイントを意識しながら製作していくことで，児童が単元の終末まで熱中して作品づくりを行うことができました。躍動感を表現することは，小学生には難しいことではありますが，児童の表現の幅は広がりました。ぜひ，実践してみてください。

4 指導過程

①土粘土で試してみよう　（イメージづくり）

・こんなにたくさんの粘土を触るの初めて

・触ると，ひんやり冷たいね

・とってもやわらかい

・何でもできちゃいそう

②穴あけ大会　　　　　　　（トレーニング）

・指でいっぱい穴をあけてみたよ

・私はわっかみたいな大きい穴にしてみたよ

・グーで穴を開けることもできるね

③高さ比べ大会　　　　　　（トレーニング）

・握って伸ばしてみよう

・だれが一番高く伸ばせるかな

・あんまり細すぎるとぐらぐらして倒れちゃう

・下を太くがっちりすると安定するよ

④ダンスをする粘土の妖精「ねんどリオ，ねんどリーナ」をつくろう　　　　　（表現）

・音楽をかけると粘土が踊り出すんだ

・体育で踊ったダンスの動きを思い出してつくってみよう

・腕や足を動かしてみよう

⑤どうやったら動いているように見えるかな

　　　　　　　　　　　（中間鑑賞・表現）

・Aさんのは，手や足だけでなく，体をひねっているね

・少し体を傾けてみるといいね

・作品が立たないことが悩みだったけど，○○さんにアドバイスをもらって，足を太くすると立つことが分かったよ

・手や顔の向きをいろんな方向に向けると，体を動かしてダンスをしているように見えるんだ

➡指導ポイント①

・手先だけでなく，体全体を使って粘土をこねている児童を見つけ，クラス全体に紹介し，広める

➡指導ポイント②③

・色々な穴の開け方に挑戦させる

・友人の表現を見る時間を設けることで，様々な表現の可能性があることに気付かせる

・次の粘土の妖精づくりの際に生かせるように，倒れないようにするためのバランスのとり方を高さ比べ大会で経験させる

➡指導ポイント④

・体育のリズムダンスを思い起こすことができるように，ダンスを楽しく踊った動画を見せる

・表現の導入では，「みんなが，楽しく粘土で遊んだから，粘土に命が吹き込まれたんだよ」とストーリー仕立てにすることで，興味関心を高める

➡指導ポイント⑤

・アドバイスタイムを取り入れることで，児童の悩みをお互いに助言し合い解決できるようにする

・台にのせて回すと，ねんどリーナが本当に
踊っているみたいに見えて楽しい

回転台を使って鑑賞している様子

⑥ねんどリオ，ねんどリーナのダンスまつり
（鑑賞）

・みんなの作品を集めてみると，ねんどリー
ナが楽しくお祭りしているみたい

友人の作品を鑑賞する様子

・表現の工夫ができている児童を取り上げ，
その表現方法をクラス全員に広める

◀足や腕，体のひね
りを加えてある作品

・音楽に合わせてテレビに360度の方向から
作品を撮影した動画を視聴する場面を設定
することで，色々な方向から作品を見るお
もしろさを味わわせる

テレビに映し出し，鑑賞する様子

・前だけでなく，後ろや横などから作品を見
ることができるように，動画で使用した回
転台をグループに1台渡す

➲指導ポイント⑥

・製作者のカードに作品に対するコメントを
書き込めるワークシートを使用すること
で，自分の作品を認めてもらう喜びを味わ
えるようにする

・作品を鑑賞する際には，楽しくダンスした
経験が粘土に表現されていることをより味
わえるようにするために，音楽をかけなが
ら鑑賞会を行う

・回転台を使い撮影した画像をテレビで見る
時間を設けることで，作品が動いているよ
うな感覚を味わわせる

（與田　雅子）

⓭ ここがお気に入り

題材の紹介

　小さい「わたし」を製作し，その目線を通して
お気に入りの場所を見つけ，自由に飾り，紹介し
合う。身近な場所や空間の雰囲気のおもしろさを
感じるとともに，想像力を働かせながら，楽しく
自分の思いを表現できる題材。

3時間完了

1　目　標

・自分が思いえがいたお気に入りの場所のイメージに近づくように，どのような材料や用具を
　使うとよいかを考え，表すことができる。 　　　　　　　　　　　　　　　　（知識及び技能）

・見つけた場所がどのようにすればより楽しい場所になるかを考え，工夫して表すことができ
　る。 　　　　　　　　　　　　　　　　　　　　　　　　　　　（思考力，判断力，表現力等）

・お気に入りの場所を紹介し合い，作品のよさを感じて楽しんだり，自分の作品をよりよくし
　ようという気持ちをもったりしている。 　　　　　　　　　　　（学びに向かう力，人間性等）

2　準備物等

教師：

　・小さい「わたし」

　　一人ひとり好きなポーズで写真を撮り，10cmほどの正方形のサイズの厚紙に印刷する。
　　普通紙に印刷し，ラミネート加工をしてもよい。今回はのりを使用しての接着を考えてい
　　たため，ラミネートではなく厚紙にした。

　・八ツ切画用紙（1人につき1／2枚）

　　小さい「わたし」をどのくらいのサイズにするかによるが，
　　今回のサイズだと八ツ切は大きすぎると考え，1人につき
　　1／2枚を材料として渡した。

　・ワークシート

児童：のり，はさみ，飾り付けに使いたいもの（色鉛筆，水性
　　ペン，色紙，綿，モールなど）

ワークシートの例

3 評価シート　ここがお気に入り

評価項目	評価場面	評価規準	評価
知識・技能	④	自分が思いえがいたお気に入りの場所のイメージに近づくように，どのような材料や用具を使うとよいかを考え，表すことができる。	
思考・判断・表現	②⑦	見つけた場所がどのようにすればより楽しい場所になるかを考え，工夫して表すことができる。	
主体的に学習に取り組む態度	⑧	お気に入りの場所を紹介し合い，作品のよさを感じて楽しんだり，自分の作品をよりよくしようという気持ちをもったりしようとしている。	

授業づくりのアドバイス

　この題材は，小さい「わたし」を製作し，それを色々な場所に置いてみることで，小さい「わたし」の目線になってその場所の中にいる自分を楽しむことができる題材です。いつもの自分とは違った視点をもつことができるので，児童はそれをもとに，思いつくイメージを楽しみ，自由に発想を広げながら製作していました。

　そして，自分のイメージを形にするために，今までしてきた製作活動の経験の中から自分のイメージに合う材料を選択し，どんな用具を使えばいいかを考えていくことができる題材にもなっています。

　製作の途中で鑑賞の時間をとることで，感じ方や表現方法が様々であることに気付き，発想の広がりがみられました。また，感想を伝え合い，他の児童から自分の作品の感想を聞くことが，製作意欲の高まりや製作への自信につながっていると感じました。

　指導で特に強調したいことは，以下の３点です。

・色々な場所に小さい「わたし」を置いてみることで，その場所のおもしろさやよさに気が付き，お気に入りの場所になるように楽しんで飾り付けをしていくこと

・より自分のイメージに合う材料や用具を考えるように心がけること

・友人の作品を鑑賞し合い，よさやアドバイスを見つけ，感想を伝え合うこと

　児童は，小さい「わたし」に感情移入することで，とても楽しんで製作をしていました。また，製作の途中で鑑賞し合う時間をつくることは，児童の発想を広げる手段の１つだと感じました。ぜひ，実践してみてください。

絵画

立体

工作

造形遊び

鑑賞

4 指導過程

① 「わたし」の写真を撮ろう

（イメージづくり）

・なわとびが好きだから，跳んでみたよ

・ビームを出してるみたい

② 飾り付けを考えよう （構想）

・ここに置くと，空の上にいるみたいだから，雲の飾りをつくろうかな

・友達の近くに置いて，一緒にパーティーしているところにしたいな

・ここは土俵みたいな場所にして，ぼくをおすもうさんにしよう

・高い場所からつるしたい。ひもを使えばできるかな

③ 小さい「わたし」を製作しよう （表現）

・セロファンで羽を作って生やそう

・服を着せたいけど，色紙で作って，のりで貼ればできるかな

・上からクレヨンで色を塗っても，服みたいになるよ

・角を生やしてもおもしろいよ

・野球の帽子をかぶせようかな

④ お気に入りの場所を飾り付けよう

（表現）

・綿を使うとふわふわな雲がつくれるね

・色紙がなくても，画用紙に色を塗れば好きな色をつくれるよ

・モールは簡単に曲がるから，好きな形がすぐにつくれるね

・楽しいイメージにしたいから，明るい色をたくさん使おう

➡指導ポイント①

・事前に活動内容を児童に示す

・1人ずつ撮りたいポーズを考えて，写真を撮る

・どの場所を使うかということは考えず，自由にポーズを考えさせる

・どんなポーズで撮ったらよいか考えすぎてしまっている児童には，好きなポーズ何でもよいことを伝える

・写真が撮れたら，次の授業までに印刷して製作の準備をしておく

➡指導ポイント②

・まずはいろんな場所に小さな「わたし」を置いてみる

・小さな「わたし」の置き方や，角度を変えてみるよう指示する

・周りと相談したり，友人の近くに置いたりしてもよいと伝える

・お気に入りの場所をどんな飾り付けにしたいか，考えながら場所を決めるようにする

➡指導ポイント③

・自分が決めた飾り付ける場所のイメージに合うような工夫をするよう伝える

➡指導ポイント④

・小さな「わたし」を配置し，その場所の主人公になったつもりでお気に入りの場所を飾り付けていくよう促す

・材料は何を使ってもよいが，なるべく自分が切ったり色を塗ったりして手を加えたものを使うほうがよいことを伝える

・色づかいを工夫するとよいことを伝える

⑥　みんなの作品を見てみよう　　　（鑑賞）

・自分の工夫をまとめよう

・自分の作品と，友達の作品の工夫との違い
　はあるかな

・友達はどんな飾り付けをしているのだろう

・友達の作品のよいところをたくさん見つけ
　たいな

⑥　気付いたことを伝えよう　　　（鑑賞）

・小さい「わたし」と場所がぴったり合うよ
　うに飾り付けをしているね

・こんな材料があるなんて思いつかなかった

・色づかいがカラフルで，見ていて楽しいね

・自分とは違う工夫があっておもしろかった

・ここに飾りを付け足すと，もっとよくなる
　んじゃないかな

⑦　飾り付けを仕上げよう　　　　（表現）

・みんなの作品を見て，いろんな工夫に気が
　付いた

・自分の作品のよいところを伝えてもらっ
　て，やる気が出たよ

・あの子の作品を参考にして，飾り付けに工
　夫を付け足したいな

・アドバイスをもらったから，もう少し付け
　足しをしてみようかな

・あとどんな飾りを付け足したらいいか，他
　の友人の意見をもっと聞いてみよう

⑧　完成した作品を鑑賞しよう　　（鑑賞）

・教室に飾ってある花の近くに飾り付けて，
　自分の作品に繋げているのがおもしろい

・小さい「わたし」のポーズから，場所の発
　想を広げているのがよいと思った

・いつもの教室の場所なのに，小さい「わた
　し」の飾り付けをするといつもと違うお気
　に入りの場所になっておもしろい

⬭指導ポイント⑤⑥

・ワークシートに形や色，材料など，自分が
　した工夫を具体的に記入するよう伝える

・記入後，グループごとにそれぞれの作品を
　鑑賞する

・自分のお気に入りの場所に案内して，ワー
　クシートをもとにして自分の作品の工夫を
　グループの児童に伝えるよう指示を出す

・発表を聞いたら，感想を伝えるようにする

・どこがどのようによかったのか，できるだ
　け具体的に伝えるよう指示する

・アドバイスがあれば伝えようと声をかける

◀グループで鑑
賞をしている児
童の様子

⬭指導ポイント⑦

・鑑賞し合う活動で見つけたアイデアや他の
　児童の感想を自分の作品に取り入れながら
　完成させるよう伝える

・他の児童の飾り付けを参考にする際は，真
　似をしたと言われないように，参考にして
　よいかどうか確認をするよう指示する

・他グループの作品も見てもよいと伝える

⬭指導ポイント⑧

・友人の作品のよいところ見つけをして，お
　気に入りの作品をさがし，どこがよいと思
　ったのか具体的に書くように指示する

・具体的に書けるように，評価の観点を示す

・よいところ見つけが終わったら，今回の製
　作の感想をまとめるよう伝える

（井川　真由香）

絵画

立体

工作

造形遊び

鑑賞

⓮ たんけん！ゆめの〇〇小アイランド

題材の紹介

　「みんなが不思議な島に流れついたら？」という問いかけから，流木を主材料に，不思議な生き物に見立ててつくっていく題材である。長い年月をかけて海を漂流していた流木は，どれも不思議な形で，自然に見たり手に取ったりしたくなる魅力をもっている。そこに昔の生き物が木となり眠っている「〇〇小アイランド」という異世界の設定を与えることで，児童にさらなる感動を与えられるようにした。この感動が，既存の生き物の枠にとらわれない自由でダイナミックな発想を生み出すと考える。

　最後には，デジタルカメラを使って「〇〇小探検隊」と称した鑑賞活動を行った。単に作品を眺めるだけでなく，児童は探検隊になりきり，生き物たちの特徴（作品のよさ）をカメラに収めていく。こうすることで，のびのびと鑑賞し，自然と感動を伝え合う姿が見られるようになる題材。　　　　　　　　　　　　　　　　　　　　　　6時間完了

1　目　標

・材料に合わせて，結ぶ，貼るなどの接着方法を工夫することができる。　　　（知識及び技能）
・生き物に見立てた流木の形のおもしろさや材料との組み合わせのおもしろさを感じ取ることができる。　　　　　　　　　　　　　　　　　　　　　　　（思考力，判断力，表現力等）
・流木の形の特徴をもとにして生き物を想像し，材料の組み合わせを考えることができる。
　　　　　　　　　　　　　　　　　　　　　　　　　　　　（思考力，判断力，表現力等）
・不思議な生き物を想像し，製作することを楽しんでいる。　　（学びに向かう力，人間性等）

2　準備物等

教師：流木，タフロープ，モール，わた，ボタンなどの身辺材料
児童：はさみ，接着剤

3　評価シート　たんけん！ゆめの〇〇小アイランド

評価項目	評価場面	評価規準	評価
知識・技能	②	材料の特徴に合わせて，適切な方法で接着することができる。	
思考・判断・表現	②	つくりたいものの構想に合わせて，身辺材料を工夫して組み合わせることができる。	
	③④	生き物に見立てた流木の形や材料との組み合わせのおもしろさを感じ取ることができる。	
主体的に学習に取り組む態度	①	流木の特徴をもとに見立て遊びを行い，活動を楽しもうとしている。	

授業づくりのアドバイス

　児童は見立て遊びが大好きです。そして，流木は，形のおもしろさはもちろん，どこからどうやって流れ着いたのか，想像をかき立てる魅力があります。そのよさを最大限に発揮するために，ちょっと手をかけて教室を異世界に変身させてしまいましょう。

　児童を物語に引き込む，教師の語りも大事です。私は，「この扉を開けると，中は〇〇アイランドの世界。そこには何千年もの時間を経て，生き物が木になった化木（化石ならぬ『かぼく』）がそこら中で見つかるよ」といった導入を行いました。ぜひ，先生方も児童と一緒に楽しみながら図画工作科の授業を行ってくださいね。鑑賞の場合でも，導入でのわくわく感を切らさないようにしていけるといいですね。不思議な島の世界に，よみがえった生き物と聞いたら探検したくなるのではないでしょうか。デジタルカメラを持って「さあ，出発！」。きっと児童は目を輝かせて生き物の特徴＝作品のよいところをいっぱい見つけてくることと思います。

4 指導過程

① 流木で見立て遊びを行い，つくりたいものを考える　（イメージづくり）

T：「これから昔の生き物が木となり眠っている『○○アイランド』を探検するよ」

C：「わぁ，すごい！山や滝もある。たくさん流木が置いてあるね」

T：「どんな生き物に見えるかな。自由に触れてみよう」

C：「これは魚に見えるな。ちょっと海で泳がせて遊んでみよう」

⇒指導ポイント①

・ビニルシートや段ボールを使って，特別教室を島の世界に変身させ，児童の意欲を高めたり想像をふくらませたりできるようにする

見立て遊びをする様子

② つくりたい生き物の構想をもとに，身辺材料を組み合わせる　（製作）

T：「島や生き物の特徴を生かして，使う材料を工夫しましょう」

C：「この生き物は寒いところに生息しているから，もこもこの綿が必要だな」

C：「この材料は木に結びつけようかな。接着剤でつけようかな」

⇒指導ポイント②

・材料鑑賞会を行ったり，共有の材料コーナーを設けたりして，児童がイメージに合った材料を思い切り使って活動を楽しめるようにする

製作する様子

③ 探検隊になりきり，デジタルカメラを用いて鑑賞する　　　　　　　（鑑賞）

T：「デジタルカメラを持って，島を探検しましょう。近づいたり，離れたり，角度を変えたりしながら，生き物たちのよさをたくさん見つけましょう」

C：「デジタルカメラで撮りながら鑑賞していると，本当に探検しているみたい」

C：「横から撮ってみたら，木の割れている部分をうまく生き物の口にしているのが分かったよ」

C：「寝転んで下から撮ってみようかな」

○指導ポイント③

・実際に生息しているかのように，作品を好きな場所に置かせて，探検の雰囲気をつくり，思い思いの見方で鑑賞させる

デジタルカメラで鑑賞する様子

④ 探検記録としてまとめる　　　　　　（鑑賞）

T：「探検で見つけたことを，探検記録としてまとめましょう」

C：「この生き物は鼻が特徴的だったよ。綿のふわふわがかわいかったなぁ」

C：「流木の曲がり方が，本当にドラゴンみたいに見えたよ」

T：「気になったところは，インタビューして聞いてみよう」

C：「ひらひらするかざりは何のためについてるの」

C：「これで風にのって空を飛べるんだ」

○指導ポイント④

・見つけたよさから生き物の特徴を想像したり，製作者にインタビューしたりして，楽しく探検記録としてまとめる

探検記録

（檜山　雄大）

⑮ ダンボールアートにちょうせんだ！　〜素材の魅力を感じよう〜

題材の紹介

　造形作家玉田多紀氏の独自の技法を生かした「段ボールアート」による製作。段ボールアートは，段ボールがまるで木製の彫刻のような素材となる。また，児童が体全身を使って素材に触れることもできる。このような素材の特徴や魅力を感じさせることを通して，様々な表現方法があることを理解させることのできる題材。

11時間完了

1　目　標

・段ボールアートの素材の特徴に気付き，その特徴を生かして体の部分や表情を表現することができる。　　　　　　　　　　　　　　　　　　　　　　　　　　　　（知識及び技能）

・生き物のいきいきとした体や表情のつくり方を考え，その表し方を工夫することができる。　　　　　　　　　　　　　　　　　　　　　　（思考力，判断力，表現力等）

・友人の作品のよさに目を向け，段ボールアート作品の特徴や表現方法のおもしろさに気付いている。　　　　　　　　　　　　　　　　　　　（学びに向かう力，人間性等）

2　準備物等

教師：

・段ボール

　テープ等は全て剥がす。触って柔らかいものの方が加工しやすい。

・大型の容器，ブルーシート

　容器に水を入れ，段ボールを濡らす。濡らすと，「皮のような素材」と「粘土のような素材」に分かれる。前者を「皮」後者を「ダンボール粘土」と呼ぶ。ブルーシートは教室に敷き詰める。

・木工用接着剤，刷毛，ダブルクリップ，雑巾

・ワークシート

3 評価シート　ダンボールアートにちょうせんだ！ ～素材の魅力を感じよう～

評価項目	評価場面	評価規準	評価
知識・技能	⑦	骨組みの段ボールを工夫して，つくりたい形に製作することができる。	
	⑨	段ボール粘土の特徴を生かし，丸めたり，重ねて貼り付けたりしながら体の部分や細かな表情を表現することができる。	
思考・判断・表現	⑤	体や表情のつくり方を考え，工夫して表そうとすることで，構想の力を働かせることができる。	
主体的に学習に取り組む態度	⑧⑩	友人の作品のよさを見つけて自己の作品に生かせる部分がないか考え，段ボールアート作品の特徴や表現方法のおもしろさに気付こうとしている。	

授業づくりのアドバイス

　この題材は，身近な素材である段ボールが，まるで木工の彫刻のような魅力的な素材になります。製作時は，段ボールを濡らして素材づくりをするのも楽しく，つくった素材を粘土のように成形してつくりたい形にするのもまた楽しみの１つです。時間をかけたり，友人と協力したりすれば大型の作品をつくることもできます。体全体で立体に表現する楽しさを実感させるには適した題材です。

　指導で特に強調したいことは，以下の３点です。

・段ボール粘土を十分に楽しむ時間（本実践では①②の技見つけ）を設定すること

・製作途中に友人と交流する場を設定し，友人のよさを共有して自己の製作に生かせるようにすること

・成形しやすい素材（段ボールには児童には硬いものがある）を準備すること

　本実践では，教室全体にブルーシートを敷き詰めて製作しました。その教室は，段ボールアート製作のための特別な教室であると話すと，児童たちは「自分たちだけのアトリエ」と喜びました。魅力的な表現方法と出会った児童は，夢中で製作するに違いありません。思わず教師もやってみたくなるはずです。ぜひ，実践してみてください。

4　指導過程

① 段ボール粘土で遊ぼう

（ダンボールアートとの出会い）

・段ボールじゃないみたい

・濡らした段ボールは，粘土のようなものと皮のようなものに分かれるんだ

② 段ボール粘土の技を見つけよう

（試しの製作）

・段ボール粘土も丸めたり平たくしたりできるね

・のばしたりひっぱったりはできないな

・もっと大きなものもつくってみたいな

・見つけた技を使ってどんなものをつくることができるかな？

③ 段ボール粘土の技を生かして，どんな世界をつくるか決めよう

（つくりたいものを選ぶ）

・段ボール粘土を小さく丸めたら歯ができそうだから恐竜の世界はどうかな

・海の生き物は迫力があっていいな

・どんな世界ができるか楽しみだな

海と空の世界をつくろう。

④ どんな生き物をつくるか話し合おう

・ぼくは「ごんぎつね」の話に出てくるモズをつくりたいな

・みんなで協力すれば大きな生き物だってつくれそうだよ

⑤ アイデアスケッチをかこう　　（構想）

・泳いでるポーズにしようかな

・図鑑を見て体の形を調べてみよう

⑥ アイデアスケッチを見合おう　（構想）

・羽を広げているようなポーズ，かっこよくていいな

➡指導ポイント①

・教師が製作した作品を見せ，製作意欲を掻き立てる

・製作しやすい大きさにちぎった段ボール紙を濡らして「皮」と「段ボール粘土」に分ける

◀段ボールアートの素材づくり

・小作品（小物入れ）を製作し，ダンボール粘土の技法や特徴を味わう

➡指導ポイント②

・段ボール粘土は，馴染みのある紙粘土や油粘土と同様の形づくりもできるが，伸ばしたり引っ張ったりできない等の異なる特徴もあることにも気付かせる。

・段ボール粘土には，丸めたり，重ねて張り合わせたりして立体に表すことができることに気付かせ，作品に生かせるように指導する

・グループ製作の場合は，活発な話し合いができるように4人までのグループにする

➡指導ポイント⑥

・一人ひとりがかいたアイデアスケッチを交流し合い，グループの製作に生かす場を設定する

・前時にかいたアイデアスケッチをA5版に印刷して画用紙に貼り，グループ全員のアイデアを一度に並べて見られるようにする

⑦ この世に１つだけの生き物をつくろう
　　　　　　　　　　　　　　　　（製作）

・丸める技で目玉をつくろう
・羽は○○さん，くちばしは○○さんのよう
　な形でつくっていこう
・体を大きくするために，骨組みになるとこ
　ろをダンボールで大きくつくろう

⑧ 自分たちの作品に生かせる技を見つけよ
　う　　　　　　　　　　　　　　（構想）

・海の生き物グループは，歯を１本１本細か
　くつくっているからすごいな
・友達の作品を見たら，自分のグループに生
　かせる技が見つかったよ

⑨ アイデアを出し合って生き物を完成させ
　よう　　　　　　　　　　　　　（製作）

・友達の作品で見つけた技を使ったら，もっ
　と作品がよくなったよ
・ペンギングループのように，モズのお腹を
　もっと丸くつくりたいな
・段ボールの色の違いを生かして，模様をつ
　くろう

⑩ 段ボールアートの世界を感じよう（鑑賞）

・ジンベイザメの体の大きさが，ぼくと同じ
　くらい大きくてすごいな
・しっぽの先まで細かくつくられているのが
　いいね

⑪ 作品を美術館に飾って多くの人に見ても
　らおう　　　　　　　　　　　　（鑑賞）

・刈谷っ子ギャラリーを見に行った友達か
　ら，迫力があってかっこよかったってほめ
　られたよ
・段ボールでつくった海と空の世界，とても
　すてきにできたなぁ

⭕指導ポイント⑦

・毎時間後に製作日記を書き，その日に気付
　いたことや友人のよさなどを記録できるよ
　うにする
・段ボールアートの製作手順を提示する

段ボールアート製作手順
①骨組みづくり
②材料づくり
↓
皮・段ボール粘土
③形づくり…段ボール粘土
④皮はり…皮

・骨組みの段ボールは，筒状にするよりも斜
　めに巻いて固定した方が変則的なおもしろ
　さが出ることを伝え，模型を提示する

土台づくりのコツ（模型）

・同じ世界の生き物グループを近くで製作さ
　せ，困ったことがあったら友人のグループ
　の製作を見に行ったり，アイデアをもらっ
　たりできるように促す

⭕指導ポイント⑪

・校内展や市の美術館に展示して多くの人に
　作品を見てもらう
・様々な表現方法があるおもしろさを共有す
　る

　　　　　　　　　　　　　　（白髪　鮎美）

⑯ わたしのゆめを灯そう

題材の紹介

　陶土で焼成した土台に，色紙等を漉きこんだ和紙を立ててあかりにする。家のどこに飾るか，どんな夢を見たいかなど，自分や家族との語らいを構想に生かし，地域作家と協働して，紙漉きをする。具象的・抽象的どちらの表現も可能であるため，一人ひとりに合った表現ができ，光を当てた「あかり」にすることで，満足感が得られる題材。

8時間完了

1　目　標

・材料の特徴を生かして，思いに合った形や色，組み合わせ方を工夫しながら，丁寧に紙漉きをしたり，陶土で土台をつくったりすることができる。　　　　　　　　　　（知識及び技能）

・紙漉きや陶土の手びねりによる表現効果の美しさやおもしろさに気付き，発想を広げることができる。　　　　　　　　　　　　　　　　　　　　　（思考力，判断力，表現力等）

・形や色，材料の組み合わせによる表し方の違いやよさ，和紙独特の技法効果に興味をもち，楽しみながらあかりづくりに取り組んでいる。　　　　　　　　　（学びに向かう力，人間性等）

2　準備物等

　地域作家との協働による伝統工芸「小原和紙」による紙漉きの準備物を掲載している。和紙は洋紙と違い，光を通す性質がある。あかりを灯すと漉きこむ材料が影絵のようになり，周囲が明るいときはその材料の色・形を楽しむことができる。

教師：楮，板，木槌，ネリ（トロロアオイ），紙漉き用色水（楮繊維を染めた物），バケツ，洗面器，漉き桁（色紙大），じょうろ（落水という水滴模様をつける場合に使用する），霧吹き（色紙を定着させるため），塩化ビニルシート（シートをくり抜いた部分に色水を流し着色する），コップ，スポイト，ピンセット，カッターナイフ，カッター板，蠟燭風ミニライト，振り返りシート

児童：500mlペットボトル，雑巾，漉きこむ材料（色紙，色糸等），和紙を土台に飾る材料（石，ビー玉，綿等），構想メモ・アイデアスケッチ

※紙漉き時には，作業の工程が見通せるような板書にする。自分の思い・計画がいつでも確かめられるように，構想メモ・アイデアスケッチを近くに掲示しておく。自分で用意した材料の他にも自由に使える材料コーナーを設置しておくとよい。

3 評価シート　わたしのゆめを灯そう

評価項目	評価場面	評価規準	評価
知識・技能	③	材料の特徴を生かして，思いに合った形や色，組み合わせ方を工夫しながら，丁寧に紙漉きをしたり，陶土で土台をつくったりすることができる。	
思考・判断・表現	④	紙漉きや陶土の手びねりによる表現効果の美しさやおもしろさに気づき，発想を広げることができる。	
主体的に学習に取り組む態度	⑤	形や色，材料の組み合わせによる表し方の違いやよさ，和紙独特の技法効果に興味をもち，楽しみながらあかりづくりに取り組もうとしている。	

授業づくりのアドバイス

　昨今，児童の身のまわりは，「もの」であふれ，どんな材料でもすぐに手に入ります。買ったものばかりの材料が大量に並ぶ図画工作科の授業，必要な材料がすべて揃ったキット…。しかし，元来，人は，その土地の自然素材を生かして，自分たちの生活を豊かにしようと「ものづくり」を始めました。素材と向き合い，触れ合い，感じ取るといった五感を通したかかわりこそ「ものづくり」の原点でした。このような素材とのかかわりの中で，その土地のにおいを肌で感じ，心に「ふるさと」も刻みました。そして，その土地に生きる人と人が「もの」を介してつながっていきました。

　児童にも，そんな「ものづくり」の原点を味わわせたい…試行錯誤しながら自己決定していく過程において，周囲の様々な人とかかわらせ，表現する喜びを味わわせたい…作品を囲み，温かでゆったりとした家族の時間の中で，作品や自分自身を大切に思える一時をつくりたい…そんな願いを込めて，本実践に取り組みました。

　自分や家族への思いをもって製作したあかりが点灯したときには，感動と達成感を味わうことができました。美術が生活を心豊かにすることを感じ取ることができました。

絵画

立体

工作

造形遊び

鑑賞

4 指導過程

① 和紙のよさを見つけ，どんなあかりをつくるかを考えよう（鑑賞・イメージづくり・構想・モチーフ選び・材料準備）

・和紙ってふわふわだけど丈夫。本当にこの木（楮）からできているの？

・光を通す和紙って，昔から日本人の生活の中で使われてきたんだね

・作家の加納さんのあかり，かっこいい。ぼくもつくりたいな

・ぼくのあかりはベッドの横に置くんだ。大好きな宇宙の夢が見られるように，宇宙の絵にしよう。粘土でつくる土台は，土星の形にしよう

・おばあちゃんがわたしのあかりを楽しみにしてくれるから，おばあちゃんの好きな黄色い花でいっぱいにするんだ。だから黄色の色紙を準備しよう

・紙を筒にするとこの星が隠れてしまうから，もう少し星を左にしよう

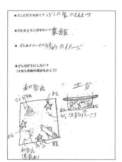

② 楮を叩いて水とネリと合わせ，漉きこむ材料を準備しよう　（構想・表現）

・ぐちゃぐちゃ，どろどろ楽しいな

・独特のにおいだ

・魚の形に切ってきた色紙を置くのに，水色の色水を絵の全体の半分ぐらいまで流してぼかそうかな

⮕指導ポイント①

・題材との出会いは，いつもわくわくしたものにしたい。そして，児童が題材を身近に感じるようにしたい。本実践では，小原和紙作家の方に和紙の材料やご自身の作品を持ってきていただき，五感を通して和紙のよさを実感できる体験を取り入れた。そして教室にも和紙を置き，生活の中でそのよさを感じられるようにした。教科を横断的に捉え，国語「くらしの中の和と洋」や道徳，社会科「昔のくらし」等と関連させたり，豊田市特有の紙漉きによる卒業証書を見せたりする等，興味・関心をもたせたい

・使えるものをつくる題材では，使うときと場を考えて構想することが大事である。実際に家のどこに置くあかりにするかを，家で考えてくるようにするとよい。実際にあかりを置きたい場所でじっくり考えることで，色や形をイメージしやすくなり，家族との会話がきっかけになってイメージがふくらむこともある。宿題で提出されたアイデアスケッチを学校で筒状にして個別支援しておくと，授業時間までに有効である

・具象的・抽象的両表現が可能である。具体的にアイデアスケッチをかいても，好きな色合いだけを考えたものでもよい

⮕指導ポイント②

・作家との協働により，原料からのものづくり体験ができる。煮て皮を剥いだ楮を木槌で叩き砕く。それを，ペットボトルに入れた水とネリに入れてシェイクする。幼児期の遊び体験を呼び覚まし，五感を駆使しな

③　紙漉きをしよう　　　　　　　　（表現）

・漉き桁の揺すり方を作家の加納さんに教えてもらったから，コツが分かった

・ペットの鳥の横に，森の絵のあかりを置いて鳥を喜ばせよう。色水は緑色にするよ

・色水をコップで流し込んだら，スポイトで落とした別の色とにじんじゃった。でもピンチはチャンス。そこに魚の形の色紙を置いたら，魚の影でいい感じ

・和紙の上の端を指で上下にこすって波型にしたり，穴をあけてみたりした

・じょうろで落水するのに水の量が心配。作家さんに教えていただこう

・２層目を漉いたときに，色紙が一緒に流れて移動しちゃった。アイデアスケッチと変わったけれど，これもおもしろい

④　漉いた和紙を乾かし，乾いたら和紙を漉き桁から剥がして筒状にして眺め，和紙に合った土台を陶土でつくろう（構想・表現）

・和紙が乾いたら全体が白っぽくなった

・和紙を剥がすときのこの音，ドキドキする

・海のイメージだから，土台も波模様だ

・筒にした和紙が広がるのを押さえる土台の壁は，これぐらいの大きさかな。土は焼くと縮むから少し大きめにしよう

・粘土にも穴を開けて模様をつけよう

⑤　焼きしめた土台に和紙を立てて，あかりをつけて鑑賞しよう　（表現・鑑賞）

・和紙を固定できるように，土台に石を飾ろう。自然な感じでいい

・楮の紐で和紙の端に穴を開けて縛ろう

・丸めたのではなく四角に折った筒もいい

・光ると穴を開けた所がかっこいい

がら自分の手でつくり出すことができる

⮕指導ポイント③

・②で作った和紙の材料を，漉き桁の端から流しこみ，すぐ漉き桁をゆすり，全体が平らになるように白い和紙を漉く。これをもう１回繰り返す。その後，色水を載せたり落水をしたりして，自分で選んだ材料を置いていく。（糸は濡らしておき，色紙は置いてから霧吹きをかける）載せた材料を押さえるために，もう一度漉く。小さな穴はピンセットなどで開ける。（和紙が薄いと土台の上に和紙を立てられなくなる）

・アイデアスケッチに縛られることなく試行錯誤し，偶然性を楽しむように励ます。その時点で失敗と思うことが，意外にこれまでの自分では思いつかなかった表現を生み出すことがある

⮕指導ポイント④

・数日間漉き桁を斜めに立てて乾かし，乾いたら，端から和紙を剥がす

・土台づくりでは，耳たぶより薄くなったり，鋭利な刃物で模様をつけたりしないよう助言する

・焼成すると一回り小さくなることを伝える

⮕指導ポイント⑤

・あかりを仕上げる際，仕上げにあるとよい材料をもってこさせるとよい。和紙が倒れないように石やビー玉，綿を敷き詰めたり，和紙を縛ったり自由に考えさせる

・点灯式を行うなど，ドラマチックに演出すると，完成の喜びが増す　　（鈴木　早紀恵）

⓱ 自分だけのめいろづくり　～いきいきとした発想を大切にして～

題材の紹介

　児童は，迷路をかいたりつくったりすることがとても好きである。また，ビー玉を転がすことも楽しんで行う。ビー玉の楽しい転がり方を考えたり，穴から落ちる仕組みをつくったりするなど児童の自由でいきいきとした発想を生かした活動が予想される題材。

10時間完了

1　目　標

・ビー玉が楽しく転がる仕組みを考えたり，材料を自由に使いながら丈夫なつくりの迷路をつくることができる。　　　　　　　　　　　　　　　　　　　　　　　　　（知識及び技能）

・ビー玉が転がる色々な仕組みを思いつき，テーマに合わせた全体の形や飾りを考えることができる。　　　　　　　　　　　　　　　　　　　　　（思考力，判断力，表現力等）

・ビー玉が転がる仕組みを楽しみながらつくったり，友人の作品のよさや工夫したところ等を見つけ，互いに認め合ったりしている。　　　　　　　（学びに向かう力，人間性等）

2　準備物等

教師：厚紙や工作用紙，段ボール，カラーボール紙，色画用紙など（児童の自由な発想や構想を実現するために，様々な素材の紙を用意しておくとよい）

・はさみやカッターナイフ，段ボールカッター（紙に穴を開けるなどの必要があるためカッターナイフや段ボールを切るための段ボールカッターも用意するとよい）

・のり，木工用接着剤（厚紙などを使って作業をするため，接着する強度のあるものがあると作業率やスピードも上がる）

・セロハンテープ（木工用接着剤が乾くまでの仮止めに使う）

・参考作品の写真，ワークシート

児童：児童が必要だと考えたものを持って来るように指示（例：毛糸，綿，紙粘土，針金，モール，リボン，布，フェルトなど）

◀第1時ワークシート

③ 評価シート　**自分だけのめいろづくり** ～いきいきとした発想を大切にして～

評価項目	評価場面	評価規準	評価
知識・技能	⑥⑦	ビー玉が転がる仕組みを理解し，楽しい転がり方をする仕組みや迷路をつくったり，飾りをつけたりすることができる。	
思考・判断・表現	③	ビー玉の転がり方を見て，自分なりの構想をいきいきといくつも練ることができる。	
	⑨	自分の思考をめぐらせながら新しいアイデアを考えることができる。	
主体的に学習に取り組む態度	⑧	友人の作品のよさを積極的に探しながら伝えたり，さらによくなることを考え，アドバスしたりしようとしている。	

授業づくりのアドバイス

　ビー玉が転がる様子は，大人が見ていてもおもしろい。スタートからゴールまで夢中になって遊んでしまう。児童は，さらに目を輝かせながらビー玉が転がる様子を楽しむ。「自分たちもすてきな作品をつくりたい！」と没頭して作業をしていた。

　授業では，必ず「もっと作品をよくするにはどうしたらよいか？」を貪欲に求めるように指導している。「どうやったらできるかな？」「どうやってやったの？」等，児童たち自身が互いに助言を求め合う姿が生まれてきた。また，材料の準備を児童に任せることで自由で生き生きとした作品製作にもつながったと感じている。パワーあふれる中学年の児童にはピッタリの題材であると感じている。

絵画
立体
工作
造形遊び
鑑賞

4 指導過程

① 教科書の参考作品を鑑賞して，話し合おう
　　　　　　　　　　　　（作品のイメージを知る）
・ペンギンやジンベイザメがいる
・探検をするような迷路がいい
・スペースシャトルが大きくつくってあって宇宙が好きなんだなぁ

② 自分の作品テーマを決めよう
　　　　　　　　　　　　　　　（アイデアを出す）
・たくさん動物がいるのがいいな
・海の中にいるような世界にしたいな
・好きなスイーツに囲まれた楽しい作品にしたい

③ 作品の構想を考えよう　　　　　　　（構想）
・自分の手でビー玉を転がしながらゴールに行く方がいいな
・二段にしたいな。上からビー玉が落ちてくると楽しそう
・ビー玉を落とすだけで自然にスタートからゴールまで行くようにしたいな

④ 紙を立たせる方法を知ろう　　　　　（構想）
・紙一枚だけを立たせるのは難しいな
・立てた紙を倒れないようにするために，のりしろが必要なんだ
・丸めたり，折ったりした筒の上に紙を乗せると家みたいになるね
・いろんな方法で紙が立ち上がるから，たくさんの方法を使いたいな

⑤ テーマに合う土台をつくろう　　　　（表現）
・スイーツのかわいい感じが出したいから丸い形にしよう
・空をテーマにしているから，雲の形のようにしたいな

⤷指導ポイント①
・教科書の作品について，お気に入りの作品を児童に選ばせてその紹介をするという方法をとる
・選んだ作品の作者になって，その作品をアピールしてみよう

⤷指導ポイント②
・教科書の作品を参考にして，自分なりのテーマを決める
・自分の好きなものや好きなことなどをもとにして，作品のテーマを決めよう
・テーマが決められない児童には，用意していた写真を見せながら，多くの作品にふれられるようにする

⤷指導ポイント③
・簡単な仕組みのものを3種類（一段のみで傾けながら自分のビー玉を転がすもの，二段になっているもの，ビー玉を置くと自然とゴールまで進むもの）を製作しておく
・児童が実際に仕組みを楽しむことで，自分なりの発想が浮かぶように支援する

⤷指導ポイント④⑤
・紙を立たせるという技能が定着していない場合が多いので，復習させる
・のりしろの大切さを児童が気付くような試作を見せる
・実際に4種類の紙の立て方でつくらせ，製作時に丈夫で簡単に壊れない迷路づくりも押さえる

紙を立てる方法

⑥　迷路などの仕組みをつくろう　（表現）

・迷路をつくるときに，紙を立てる方法を使うといいね

・のりしろのつけ方にもいろんな方法があって，互い違いに折ると，倒れないね

・ビー玉を滑り台の上から滑らせたいな

・ビー玉が落ちて下に行くようにしようかな

・塔の周りをぐるぐる回る通路をつけたいんだけどなぁ

⑦　テーマに沿った飾りをつけよう　（表現）

・ジャングルの木に巻きついている蔦みたいにしたくて，毛糸を持って来たんだ

・セロハンで水の中にいるようにしたいなあ

⑧　友人とアドバイスを伝え合おう

　　　　（鑑賞・言語表現：道徳との関連）

・この通路にもう少し傾きをつけると，ビー玉が勢いよく転がるんじゃないかな

・この途中でビー玉が見えなくなるところが，ワクワクするね

・塔の周りに通路があるのがおもしろいね

・蔦の毛糸に葉っぱがついてると，もっとジャングルっぽくなるんじゃないかな

⑨　完成に向けて丁寧に製作しよう　（表現）

・友達がアドバイスしてくれたことを直してみようと思う

・テーマパークのように楽しい雰囲気にするために，毛糸玉をつくってきたよ

⑩　グループ鑑賞会を開こう　（鑑賞）

・スタートにビー玉を入れると，コロコロ転がってゴールに着くのがすごいね

・自分で動かしながらゴールを目指すのもおもしろいね

・本物のように細かい部分までつくってある作品に驚いた！　自分も目指したい

◗指導ポイント⑥⑦

・こうしたいという思いが形にならず，困る児童もいるため，様子を見ながら，技能面での支援をする

・児童の様々な発想を認め，クラス全体で共有する

・セロハンテープは，見た目を損なうので見えない部分に使ったり，木工用接着剤が乾く間の仮止めに使うように指示をする

アイデアあふれる作品を紹介する

◗指導ポイント⑧

・具体的によいところを伝えたり，アドバイスしたりできるように例を示す

　例：ゾウの鼻が滑り台になっておもしろいね。周りにたくさん動物がいるともっと楽しい雰囲気になると思う

◗指導ポイント⑨

・さらによい作品にするために，仕上げの作業に丁寧に取り組もう

・作品のよさや友人のアドバイスの一つひとつを思い出させ，作業意欲につなげる

◗指導ポイント⑩

・工作室を展覧会会場のようにセッティングし，互いの作品で遊ぶことができるようにする

・遊んで壊れることがないようにのりづけなどを指導していると，丈夫な作品となり何度も楽しむことができる

・遊ぶ時間を十分に確保する　　　（蟹江　紗代）

絵画

立体

工作

造形遊び

鑑賞

⓲トントン　くねくね　こん虫になあれ

題材の紹介

　釘の打ち方を初めて習得する児童が簡単に釘打ちをすることができる，ストリングアートをアレンジした。釘同士を糸で引っかけることで生まれる形や模様の浮かび上がりを楽しむことができる題材。

8時間完了

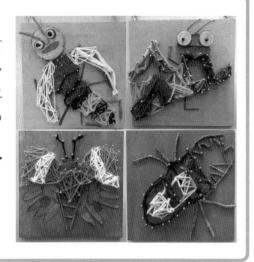

1　目標

・正しい釘の打ち方を身に付け，釘同士を糸で引っかけて昆虫をつくることができる。

（知識及び技能）

・昆虫の形や色，模様について豊かに発想や構想をして，糸の引っかけ方や自然材の用い方を工夫しながら，表現したい昆虫をつくることができる。　**（思考力，判断力，表現力等）**

・糸が構成する形や色，模様のおもしろさや美しさに気付いている。

（学びに向かう力，人間性等）

2　準備物等

教師：

・コンパネ（90cm ×180cm ×12mm，1500円）をカットしたもの（22cm ×22cm）

・コンパネと同じ大きさの紙（下絵用紙）

・金鎚（約200g の両口げんのうが望ましい）

・真鍮釘（25mm 使用，1人当たり約60本使用）

・ヒートン釘（1人2個，壁にかけるため）

・糸（様々な太さの糸を用意すると豊かな表現ができる）

・水彩絵の具，刷毛，新聞紙（土台を塗るため）

・自然材（落ち葉や枝，どんぐり，松ぼっくりを昆虫の目や足，羽などに代用）

・のこぎり（片刃で柄に刃をセットするタイプがおすすめ，自然材を切る）

・速乾性の木工用接着剤（自然材を貼りつける）

3 ## 評価シート　トントン　くねくね　こん虫になあれ

評価項目	評価場面	評価規準	評価
知識・技能	⑤⑥	正しい釘の打ち方を身に付け，釘同士を糸で引っかけて昆虫をつくることができる。	
思考・判断・表現	④	昆虫の形や色，模様について豊かに発想や構想をして，糸の引っかけ方や自然材の用い方を工夫しながら，表現したい昆虫をつくることができる。	
主体的に学習に取り組む態度	⑩	糸が構成する形や色，模様のおもしろさや美しさに気付こうとしている。	

授業づくりのアドバイス

　現在，図画工作科の授業では，市販の教材が多く活用されています。市販教材のよいところはなんでしょうか。第一に，日々忙しい教師の負担を減らし，教材研究や授業準備の短縮ができることが挙げられるでしょう。第二に，どの児童にとっても，それなりの見栄えのよい作品を簡単につくることができることが挙げられるでしょう。このように，市販教材は教師や児童の味方に思えますが，本当に魅力ある教材と言えるのでしょうか。

　本題材「トントン　くねくね　こん虫になあれ」は，釘の打ち方をはじめて学習する児童が意欲的に取り組むことができるよう，私自身が一から教材研究，材料選びをして開発した題材です。この題材を開発する以前，教材屋に２つの「釘うちキット」を紹介され，購入するかどうか検討しました。その市販教材を研究すると，土台になる木片は，はじめて釘打ちをする児童にとって小さいため扱いにくく，また付属品の飾り付けをするための材料（ビーズや目玉のシール）は，一人ひとりの多様な発想を制限し，どの作品も同じ出来栄えになってしまうだろうと思いました。児童が「やってみたい」「楽しい」「もっとやりたい」「こんなのつくったよ！　見て見て」と思えるように，教師自身が興味をもち楽しめる題材を開発する。そして，児童の実態や学校環境に照らし合わせながら教材研究をする必要があるのではないでしょうか。現在，DIYが流行し，ホームセンターでは，手軽に木片をカットしてくれます。教師が一から題材に合った材料を準備することは大変なことですが，児童が目を輝かせながらつくる姿にやりがいを感じるものです。

4 指導過程

① どんなこん虫をつくろうかな

（下絵づくり）

・理科の授業で昆虫の観察をしたよ，頭と胸と腹に分かれていたね

・カブトムシに挑戦しようかな

図鑑を見て描いたり，拡大した写真を張りつけたりしてもいいね。

② 土台に色をぬろう （土台の用意）

・カブトムシの角は黒色の糸を使いたいから，土台の色は黒色はやめようかな

③ 下絵を土台にはろう

（釘打ちのための準備）

④ 釘を打つ場所に印をつけよう

（釘打ちのための準備）

・線が曲がっているところは，釘をたくさん打つ必要があるね。点と点をものさしで結んでみると，糸を巻いたときのことが予想できるね

・星の模様がつくりたいな。どうすればいいかな

ここにも釘が必要かな？

⑤ 印に釘を打ってみよう （製作）

・けがをしないように気を付けよう

・最初は柄の頭に近いほうを持って軽くトントン打つと教えてもらったよ

どの深さまで打てばよいのかよくわかるよ

➲指導ポイント①

・テーマを「こん虫」にすることで，頭・胸・腹の３つに分けて糸を引っかけることができる。そのため，形がはっきりして模様の工夫ができる

・板の大きさと同じ下絵の用紙を準備する。図鑑を見ながら下絵を考えさせるとよい。下描きがうまくかけない児童には，図鑑を拡大したものを用意するのもよい

➲指導ポイント②

・土台の色と，使う毛糸の色が同じにならないように土台の色を考えさせる。土台の着色は少量の水で溶いた絵の具を使用した

➲指導ポイント③

・下絵が剥がれないようにセロハンテープで土台の４辺を固定する

➲指導ポイント④

・釘をどこにどの間隔で打ったらよいのか困る児童が多い。そのため，釘を打つ点をものさしで結ばせ，思い通りになるか確かめさせる

・釘を打つ目印は，黒色以外のカラーペンの方が分かりやすい

・すべての場所を糸で巻こうとするのではなく一部分は自然材で代用できる図案にすると味が出る

➲指導ポイント⑤

・釘の打ち込みが浅く，土台から簡単に釘が抜けてしまう児童が多くいる。そのためどの深さまで釘を打ったらよいのか，はじめに打つ釘に目印をつけてあげるとよい

・釘を打つ順番は，上や斜めの場所から行うのがよい。あちこちに打つと手で釘を押さえにくくなる

⑥　糸を巻こう　　　　　　　　（製作）

・星の模様がつくりたいな。どんな順番で釘に引っかければつくれるかな
・この場所は同じ色でうめたいな。太い毛糸でたくさん引っかけよう
・太い糸と細い糸の両方を使うと違う表現ができるなぁ
・何重にも引っかけると糸が飛び出してるように見えるよ

⑦　下絵を剥がそう　　　　　　（製作）

・どんなふうになるのか楽しみだな

⑧　自然材を探しに行こう　　（材料集め）

・カブトムシの目はドングリの帽子（堅果）を使うとおもしろいな
・足の部分は木の枝がぴったりだ
・イチョウやモミジの葉を使いたいな

葉をカラーコピーして貼りつけてもいいね

⑨　自然素材を貼ろう　　　　　（製作）

・足の長さに合うように枝を切りたいな
・赤い実（ナンテン）と輪切りの木片を組み合わせるとおもしろいな

⑩　色々な昆虫がいるよ　　　　（鑑賞）

・同じクワガタをつくったのに全然違う
・この自然材はどこで集めたの？

⇨指導ポイント⑥

・様々な糸の引っかけ方ができる。以下にその例を紹介する
　①糸の細さ・太さを生かした引っかけ方
　②模様を生かした引っかけ方
　③立体感を出す引っかけ方

⇨指導ポイント⑦

・糸の真下の紙は，剥がしづらい状態になっているが，糸で隠れて見えないため作品に影響することはない。糸を引っかける前に下絵を剥がすと模様の工夫が困難になるため剥がさないように。

⇨指導ポイント⑧

・昆虫の目や足，触覚，羽などの一部分は糸より自然材を代用した方が味がでる。土台と自然材を集めるための袋を持たせ，自由に自然素材を取らせる。本実践では，教師の想像以上に，児童は自分らしくかわいらしい昆虫をつくり上げることができた
・葉は変色したり，収縮したりしてしまう。自然材の不思議さを楽しむことができるが，変色や形の変化を防ぎたい場合は，葉をカラーコピーして貼りつけるのもよい

⇨指導ポイント⑨

・様々な自然材を組み合わせながら表現できる環境をつくる

⇨指導ポイント⑩

・作品を壁にかけて，友人のつくった作品を鑑賞する

（藤井　実早紀）

⑲立体！3D フラワー
～釘打ちを使って，立体的な作品を仕上げよう～

題材の紹介

　図画工作科の授業で学んだ釘打ちを使い，そこに絵の具と糸を加えることで，立体的な作品に仕上げる。立体的に見せるために，色の組み合わせの工夫などが児童の作品ごとに違いが見られるため，立体のおもしろさを様々な視点で味わうことのできる題材。

10時間完了

1　目　標

・まっすぐ，均一の深さで釘打ちをしたり，大きく，丁寧に花をかいたりすることができる。

(知識及び技能)

・花の美しさや力強さを表現できるように，花びらの方向を意識して花の絵をかいたり，色の組み合わせを工夫して糸を選択したりすることができる。　　(思考力，判断力，表現力等)

・「こんな花をつくりたい」「立体的に見せるためにはどこを工夫していこうか」という，自分なりの考えをもって製作に取り組んでいる。　　(学びに向かう力，人間性等)

2　準備物等

教師：

・実際の花，様々な形をした花の写真

・ベニヤ板（厚さは9mm。大きさは，30cm×30cm。2枚の板をつなぎ合わせたもの）

・水性ペン（赤，青，白，黄，緑，黄緑，水，橙，桃，紫，茶，黒の12色を使用）

・釘（長さは，19mm。学年でまとめて購入。120人で，7200本程用意），げんのう

・水入れ（油性の絵の具を使用するため，プラスティック製の容器で，ヨーグルトの空き容器などが便利）

・水彩絵の具を溶いた容器（あらかじめ絵の具に水を混ぜておき，全員で使用）

・新聞紙，パスティック

・糸（直径2mm程度のものが使いやすい。太すぎると，釘の長さいっぱいになり，糸が抜けてしまうので注意）

・教師の試作2つ（同じ花で，大きく丁寧にかいたものと，小さく乱雑にかいたもの）

児童：筆（塗る面の広さに合わせて，複数個人ごとに用意する），鉛筆，消しゴム，はさみ

3 評価シート　立体！3Dフラワー ～釘打ちを使って，立体的な作品を仕上げよう～

評価項目	評価場面	評価規準	評価
知識・技能	④⑦	まっすぐ，均一の深さで釘打ちをしたり，大きく，丁寧に花をかいたりすることができる。	
思考・判断・表現	③⑧	花の美しさや力強さを表現できるように，花びらの方向を意識して花の絵をかいたり，色の組み合わせを工夫して糸を選択したりすることができる。	
主体的に学習に取り組む態度	②	「こんな花をつくりたい」「立体的に見せるためにはどこを工夫していこうか」という，自分なりの考えをもって製作に取り組もうとしている。	

授業づくりのアドバイス

　この題材は，鉛筆で絵をかくこと，筆を使って絵の具で色を塗ること，釘を打って立体的な作品をつくること，色の組み合わせを楽しむこと，糸を結んで輪郭をつくることを通して，新しい1つの作品をつくります。自分が今まで図画工作科の授業で学んだ経験を活かして活動に取り組むことができるので，4年生の児童にとって，「やりたい」「できる」という思いを育てるために役立ててほしいと思います。

　指導で特に強調したいことは，以下の2点です。

・どの児童にとっても抵抗感なく作品づくりに取り組むことができるようにするために，実際の花を見て，かくポイントを捉えた上で製作活動に進むこと

・「図画工作科は楽しい」という思いをもつことができるように，失敗をさせないこと。そのために，板にかく前に構想の段階で何度か下描きをしたり，「釘は何本も打つことができるし，抜くことができるから大丈夫」と，やり直しができる題材であることを伝え，安心感をもつことができるようにする

　作品づくりが進んでいくにつれて，色々な作業が体験できるので，児童がいきいきとして活動する姿が，見ていてとてもうれしいです。ぜひ，実践してみてください。

① 　花の特徴を見つけて，発表しよう
　　　　　　（意欲づけ，製作の視点を確認）

・ひまわりは，花びらが中心から重なって開いているみたいだね

・花びらを同じ方向に向かって開いているようにすると，動いている感じに見に見えるかな

・花びらを大きくすると，迫力が出るね

② 　花の写真を見ながら，自分がつくりたい花を考えよう　　　　　　　　　（構想）

・私は，花びらの数を増やして，かわいいお花にしたいな

・花びらの色を少しずつ変えて，立体的に見えるようにつくりたい

・使う色を３色だけにして，きれいに見えるようにするよ

③ 　花の色や，糸の色を考えよう　　　（構想）

・花びらは白色で，糸は水色を使おう。そうすると，きれいなお花になると思うよ

・花びらに青色と紫色を使って，糸も青色を使ってみよう

・花びらは５色で色々な色にして，糸は黒だけ使うよ

④ 　板に下描きをしよう　　　　　　　（技能）

・目立つように，大きく，板いっぱいにかくよ

・花が開いている様子が伝わるように，全部の花びらを外側に向けて，同じ形でかくよ

・花をリアルに見せたいから，花びらを下向きにかくようにしよう

➡**指導ポイント①**

・実際の花を見て，花びらの様子をよく観察して，気が付いた特徴を学級で話し合う

・意見が出ない場合は，教師が実際の花を手本にした花の絵を黒板にかき，注目させたいポイントの部分を意識できるように促す

➡**指導ポイント②**

・様々な種類の花の写真を用意し，イメージがわかない児童にも，この写真を参考にすればかけるという選択肢を増やす手段にする

・花の写真は，工夫の可能性を狭めないように，白黒のものを用意する

・花の中心の形→花びらの形→花びらの向き→花びらの数→花びらの色と，段階をふんで考えるように指導する

➡**指導ポイント③**

・選択する色は児童の自由であるが，「立体的に見えること」は，どの児童にとっても同じ到達地点になるように指示する

・立体的に見せるには，どの色を選択するかを考えやすくなるように，本番の作品づくりの前に，構想用の下描きにもパスティックを使って色塗りをするように指示する

➡**指導ポイント④⑤**

・下描きを始める前に，児童が「大きく」「丁寧に」かくことの大切さを実感できるようにするために，教師が試作でつくった大きく，丁寧にかいたものと，小さく，乱雑にかいたものを比較しながら見せる

・前時までに確認した，自分のかきたい花を意識しながらかいたり，色を塗ったりするように促す

⑤　板に色づけをしよう　　　　　　（表現）

・下描きの線から，はみ出さないように，丁寧に色塗りをするよ

・花が目立つようにしたいから，花の色は緑色を使って，背景の色は青色を使ってみようかな

・ただ色を塗るだけじゃなくて，上から違う色で模様もかいてみよう

⑥　釘打ちの方法を確認しよう　　　　（技能）

・左手で釘をしっかり支えて打つことが大切だったね

・げんのうの中心が，釘の頭にくるようにして打つといいんだったね

・肘から下だけを，動かして，釘をまっすぐに打つぞ

⑦　どの釘も，まっすぐ，同じ高さで上手に釘打ちをしよう　　　　　　　　　（技能）

・一本打つごとに，まっすぐ打てているか確認しながら進めよう

・釘が斜めになると，ぐらついたり，抜けたりして，上手に見えないから気を付けよう

⑧　立体感を考えながら，糸を張ろう（表現）

・浮き出て見えるように，花の色よりも濃い色の糸を使って作ってみよう。

・花びらと同じ色にした方が，統一感が出るんじゃないかな

・私は，花びらの色よりも，薄い色を使って，輪郭の線を目立たせるように工夫しました

⑨　友人の作品のよさを見つけよう　（鑑賞）

・花びらの形が，ただの丸ではなくて，もこもこしていて工夫しているのが分かった

・花びらの色と糸の色が違って，花びらが浮き出て見えました

○指導ポイント⑥⑦

・まず，教師がポイントを意識しないで示範してみる。その後，どこを改善するべきかを学級で話し合い，釘打ちの方法を全員が確認できるようにする

・児童が釘打ちをするときは，机間指導をし，児童の実際の釘打ちを教師の目で１人ずつ確認しながら作業を進めることができるようにする

・どの児童も安心して作業に取り組むことができるように，釘打ちも，糸を張る作業も，やり直しがきくことを伝える

釘打ちの様子

○指導ポイント⑨

・「花びらの形」「花びらの向き」「花びらと糸の色の組み合わせ」「絵の大きさと丁寧さ」に注目させ，立体感がうまく出ている友人の作品のよさを味わうように促す

色づけの様子

（髙橋　侑希）

⑳ ダンボールを使ってマイ小物入れをつくろう
～つながる造形活動を通して～

題材の紹介

　手軽に手に入る材料を使って，これまでの経験や新しく身に付けた技能を生かして自分で使う小物入れを製作する。

　「自分の生活に役立つものが生み出せる」という実感をもたせられる題材。

6時間完了

1　目　標

・段ボールのよさを生かして自分の思いに合った形をつくったり，カッターや接着材料を的確に使ったりすることができる。　　　　　　　　　　　　　　　　（知識及び技能）

・自分の思いに合ったデザインを考えることができる。　　　　　（思考力，判断力，表現力等）

・友人の表現の工夫に気付きながら，思いに合った作品をつくっている。

　　　　　　　　　　　　　　　　　　　　　　　　　　　（学びに向かう力，人間性等）

2　準備物等

教師：

・段ボール片（10cm×10cm）

・ワークショップ型体験活動のための加工見本

　○中芯に対して直角になるように切れ目を入れて，折ったもの

　○段ボールを小さく切り，並べて貼ったもの

　○5秒間水につけて，表面の紙をはがしたもの

　○中芯部分が表面にくるように貼り付けて模様をつくったもの

体験活動のための加工見本

・カッターナイフ

・カッターマット

・両面テープ

・大型桶

・段ボール

③ 評価シート　ダンボールを使ってマイ小物入れをつくろう 〜つながる造形活動を通して〜

評価項目	評価場面	評価規準	評価
知識・技能	①	ダンボールのよさを生かして自分の思いに合った形をつくったり，カッターや接着材料を的確に使ったりすることができる。	
思考・判断・表現	②③	自分の思いに合ったデザインを考えることができる。	
主体的に学習に取り組む態度	④	友人の表現の工夫に気付きながら，思いに合った作品をつくろうとしている。	

授業づくりのアドバイス

　この題材では，生活の中で手軽に手に入る材料で，自分が使うものを製作します。

　導入のワークショップで，材料・課題に対して期待感のある出会わせ方をしたことで，素材のよさを見直したり，新たな可能性を発見したりすることができました。また，アドバイスタイムなど，一人ひとりが心を開き，思いを友人に伝え合う場面を設定したことで，興味関心を持続させながら，表現の質をより高めようとする姿が見られました。

　製作途中で気付いた問題点を工夫して解決する力は「豊かな生活をつくる力」につながると考えます。今後も，造形活動で培った力が生活の様々な場面で役立つという実感をもたせられる題材を開発していきたいです。

4 指導過程

① 様々な加工方法を試そう
（導入・ワークショップ）

・この形状のダンボールの接着は，木工用ボンドと両面テープ，どちらがいいかな

・なみなみの流れの直行方向に美しく折るには，こうすればいいんだ

・この模様は，段ボールをこの向きに細く切ると出てくるんだ

・おもしろい！　段ボールの表面を剥がすと，なみなみが出てくるよ

② マイ小物入れのデザインを考えよう
（アイデアスケッチ）

・複数の正方形パーツを積み上げたら，簡単でかっこいい

・家の形にして，周りをレンガみたいに模様を入れたいな

・毎月買っているネコの雑誌を入れる本立てをかわいくつくりたい

・ハート型の小物入れにしたい。カーブをなめらかに出すために片段ボールを使うので，自分で片段ボールをつくりたい

③ 計画に従って作品をつくろう
（製作・アドバイスタイム）

・もっとパーツが小さいほうがうまく組み立てられるのでは

・こっち側から切り目を入れると，きれいに折れるよ

⮕指導ポイント①

・「ものを保管したり，運んだりする箱」として"身近にあり，よく使う段ボール"に対して，導入時に形状や組み合わせ方の新たな視点を与える

・素材を段ボールのみに絞り，見るポイントに気付きやすいようにする

・活動場所，作業台の配置を通常の授業から変化させ，期待感をもたせる

・水に浸して片段ボールをつくるなど，児童にとって目新しい体験を組み込む

・単純な作業を繰り返す活動で，自信をもたせ，また，工夫の余地を残す

・素材の特徴が分かりやすい参考作品を提示し，完成をイメージできるようにする

⮕指導ポイント②

・「見た目のユニークさ」「丈夫さ」「仕かけ」「模様の美しさ」のどれを追求したいかを個々に尋ね，考えさせる

・作品のどの部分に工夫を加えるかを，アイデアスケッチに表すようにする

⮕指導ポイント③

・「こわれてしまった。直したい」「きれいに仕上がらない」「接着に時間がかかる」「もっと使いやすくしたい」等，製作中の

・この接着なら木工ボンドよりも両面テープの方がいいんじゃない
・ワークショップでつくったものを重ねて貼り合わせてみたら，丈夫になるよ

④　完成した作品を鑑賞しよう
（作者の思い・振り返り）
（よいところの伝え合い）

〈Aさん〉
・ハートの形を四つ組み合わせたらクローバー型になった
・なみなみの中に，水をよく通さないと表面がうまくはがれなかった

〈Aさんの作品を見た人〉
・なみなみの模様が内側，表面は無地で，ダンボール色だけでもメリハリがきいていてかわいいね
・台紙の上に貼り付けてあるから，このクローバーの形を崩さずにキープできるね

〈Bさん〉
・ゲームがぴったり入る箱がほしかった。段ボールを同じ形に切り抜いて，重ねたらすごく丈夫になった
・ふたを開けやすくする工夫をした

〈Bさんの作品を見た人〉
・重ねると，こんなに丈夫になるなんてびっくりした
・ずっと使えるものを自分でつくれるのはいいね

〈Cさん〉
・断面部分を見せて貼ると，文字も書けて，おもしろかった

〈Cさんの作品を見た人〉
・ふたに「箱」と書いてあるのが斬新だった。Cさんらしいね

様々な課題を乗り越える知恵を共有できるよう，児童同士でのアドバイスタイムを設ける
・コミュニケーションを通して，様々な意見のよい方法を取り入れたり，アイデアを組み合わせたりする

➲指導ポイント④
・作品の用途や作者の思いを記入したカードを添えて，鑑賞を行うようにすると，互いのこだわった部分や生活文化を感じることができる

◀Aさんの作品

◀Bさんの作品

◀Cさんの作品

（渡部 美香）

㉑ コロコロわくわくコースター

題材の紹介

　ビー玉が転がり落ちる仕組みを工夫し，スタートからゴールまでわくわくするような楽しいコースターをつくる紙工作。コースの高低差や長短，直線・曲線，凸凹，コースの交差の仕方やコースの途中のイベントや飾りなどを試行錯誤しながら工夫し，つくったコースターで遊び合う楽しさもある題材。

6〜8時間完了

1　目　標

・ビー玉が転がる仕組みを使った楽しい転がり方や，仕組みに合った材料の生かし方を考え，扱い方を工夫することができる。　　　　　　　　　　　　　　　　　（知識及び技能）

・楽しい転がり方や，色々な仕組みを思いつき，全体の形や飾りを考えることができる。

（思考力，判断力，表現力等）

・ビー玉を転がして遊ぶ仕組みに興味をもち，楽しい仕組みをつくったり作品のおもしろさを見つけたりしている。　　　　　　　　　　　　　　　　（学びに向かう力，人間性等）

2　準備物等

教師：色工作用紙，色片面波段ボール，ビー玉，身辺材（紙コップ，空き容器，モール等），カッターナイフ，カッター板，化学接着剤，接着剤用へら，新聞紙

児童：はさみ

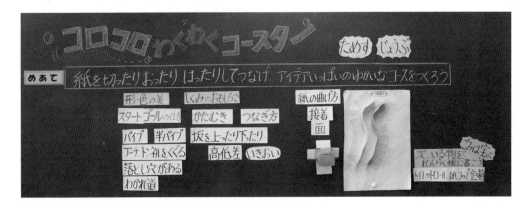

③ 評価シート　コロコロわくわくコースター

評価規準	評価場面	評価規準	評価
知識・技能	⑤	ビー玉が転がる仕組みを使った楽しい転がり方や，仕組みに合った材料の生かし方を考え，扱い方を工夫することができる。	
思考・判断・表現	④	楽しい転がり方や，色々な仕組みを思いつき，全体の形や飾りを考えることができる。	
主体的に学習に取り組む態度	⑥	ビー玉を転がして遊ぶ仕組みに興味をもち，楽しい仕組みをつくったり作品のおもしろさを見つけようとしている。	

授業づくりのアドバイス

　物が豊かな時代，児童たちは既製のゲームで遊ぶのが当たり前になってきています。コンピューターで何でもバーチャルな世界をつくり出す世の中にあって，自分の手で，材料の特性を生かし，試行錯誤しながらつくり出した実物で遊ぶ経験は貴重です。「ここをこうしたら，こうなるかなぁ」と想像力を働かせて見通したり，取捨選択しながら何度も試したりする姿は，「生きる力」「プログラミング的思考」を育みます。玉を転がしてみて，坂の傾斜やカーブの緩急，障害物の設置等，色々試しながらつくり続ける過程を，私たちは見逃さずに評価したいものです。

　「たくさん遊びたい」という児童たちの願望を生かし，「丈夫」な作品づくりを心がけさせることで，紙の切り方・折り方や接着剤の使い方などの技能を高めることもできる題材です。用途に合った接着剤の選び方も学べます。さらに，「コースが長ければ遊ぶ時間も長くなる」という視点から，高低差やカーブ等を工夫することへつなげられます。

　でき上がったコースターで互いに遊ぶときは，道徳と関連させて，物や相手を思いやる心も育てられます。

① 参考作品のビー玉が転がる様子を見て，おもしろさを見つけよう（イメージづくり）

・ぐるぐる回って，玉が見えないトンネルがあってわくわくする

・おもしろいな。自分でもつくりたい

・坂道の傾き具合でビー玉の勢いが変わる

② 紙の扱いや構造，仕組みについて理解し自分の作品の構想に役立てよう　　　（構想）

・切り込みをたくさん入れると，紙を曲げられてカーブがつくれるのか

・何度試しても遊んでも壊れにくい丈夫なコースをつくりたい

・切ったり曲げたりしてのりしろ（接着面）をつくることが大事なんだな

・スタート位置を板の右端の高い所からにすればコースが長くなり，楽しめるかな

・私は動物が好きだから動物ランドのコースターにしようかな

・トンネルやカーブをいくつも組み合わせていっぱい楽しめるようにしたいな

③ 紙の性質を考えながら，紙を切ったり折ったり貼ったりして，コースの構造の基本となる形をつくり，つなげていこう

（構想・表現）

・回転台を支える柱は縁を切り開いてしっかり面と面で接着しよう

・坂道が急だと玉がコースから飛び出しちゃうなぁ。そうだ。いっそここで玉をジャンプさせよう

➡指導ポイント①

・ビー玉を転がすことに興味関心がもてるようにしたい。参考作品を使って，転がる様子を見たり遊んだりして，おもしろさを実感できるようにする

・紙の曲げ方，接着の仕方によって強度が増すことを，体験から実感できるようにする

➡指導ポイント②

・簡単な設計図を書きたい児童には，紙を用意する

・紙を折ったり切ったりつないだりすることで生まれる形を生かすように伝える

・「色々『試す』・それに耐え，何度も遊べるように『丈夫』にする」ことがポイントである。そのために接着面や接着剤の使い方が大事であると伝え，指導する

・ビー玉が転がるコースにストーリー性をもたせることで，自分らしいコースづくりや装飾が期待できる

・参考作品はいつでも試せるように教室に設置しておく。次週に向けての準備や意欲につなげることもできる

・コースづくりの参考になるヒントや見通しが分かる板書づくりを心がける

➡指導ポイント③④⑤

・迷っている児童には，スタートをどこからにするか高さや位置を指差し，見通しをもたせる

・折り目まではさみで切り込みを入れるのが分からなかった児童に，個別指導する。丈夫さにつながるコツであることを伝え，がんばって丁寧にやろうとする姿勢が見えた

- ・ここで池に落ちたらアウト
- ・ここでカーブさせて向きを変えよう
- ・途中は迷路にしよう

④つくっているコースターを観合い，自分の
　作品に生かそう　　　　　（鑑賞・構想）

- ・もっとスタートの位置を高くしたらいいと
　アドバイスしてもらったよ
- ・Aさんみたいに階段を途中につくると，玉
　がガタンガタンと落ちてきて時間がかかり
　おもしろいかも。教科書についていたんだ
　って。もう一度ぼくも教科書を見てみよう
- ・自分も使えそうな材料を探してこよう

⑤思いに合わせて，形や色を工夫し，自分ら
　しいコースターに仕上げよう　　（表現）

- ・スタート台の周りに綿をつけよう。雲の上
　からスタートして，だんだん下へ行くんだ
- ・ゴールには旗を立てよう
- ・分かれ道のこっちのコースにも，もう少し
　玉が行くように壁を傾けよう
- ・色紙で周りの柵に草をつけて，動物ランド
　らしくしよう
- ・虹色のアーチをモールでつけてカラフルに
　しよう

⑥完成した互いの作品で友人と遊び，よさや
　おもしろさを味わおう　　　　　（鑑賞）

- ・落とし穴にはまってしまった。もう一度挑
　戦したくなるコースだね
- ・玉のジャンプ台がおもしろい。ぼくには思
　いつかなかった

・ところでほめてやると，その後の作業も丁
　寧に行おうとする

- ・化学接着剤の使い方を個別指導する。面と
　面の接着は，新聞紙の上で接着面に接着剤
　をしっかりへらで伸ばしてつけさせる。こ
　れも丈夫さの秘訣であることを伝えると，
　セロハンテープに頼らない作品づくりがで
　きる。波型片段ボールを板綿に立てて接着
　したい場合は，接着剤が板面と接する部分
　すべてに接着剤が十分つくように指導する
- ・カッターナイフの安全な使用方法を適宜指
　導する。（休み時間はナイフを放置しない）
- ・ミニ鑑賞会を入れることで，表現・発想の
　広がりをもたせることができる
- ・玉の転がり方に着目させ，色々試しなが
　ら，コースをつくるように声をかける
- ・次時に持ってくるとよいと思った材料は，
　授業の振り返り時間に，連絡帳に書かせる
- ・授業の終わりに，怪我人が出なかったこと
　をほめて認めると，毎時間，安全に心がけ
　る落ち着いた集団に育つ
- ・だいたい仕上がって手が止まっている児童
　に，どんな作品なのかを尋ね，思いを児童
　に語らせると，また児童にアイデアが浮か
　ぶ場合もある

➡指導ポイント⑥

- ・互いの作品は作者が
　いる所で遊び合うよ
　うにし，作品を大切
　に扱うように指導する
- ・互いの作品のよさを見つけ，おもしろさを実
　感できるように声をかける　　　（鈴木 早紀恵）

㉒ わくわくダンボールショップを開こう

題材の紹介

　人を思いやる気持ちや美しいもの，優れたものに接して素直に感動できる心を，「情操豊かな心」という。「情操豊かな心」を育むことで，人とつながり合い，社会性を育て，よりよく生きようとする人間性を深められる。そのような，「情操豊かな心」を育みながら，児童が夢中になって取り組める題材。　　　　9時間完了

1　目標

・段ボールカッターやのこぎりの扱いに慣れ，段ボールや自然物の特徴を生かして，ゲームをおもしろくする方法を工夫することができる。　　　　　　　　　　　　　　（知識及び技能）

・段ボールから切り取った形を組み合わせたり，くり抜いたり，また，自然物を生かしたりしながら新しい表現やゲームを考えることができる。　　　　（思考力，判断力，表現力等）

・自分たちや友人のゲームで遊び，表現の工夫やおもしろさなどを感じ取ることができる。

（思考力，判断力，表現力等）

・段ボールや自然物を切ったりつないだりする活動を楽しもうとする。

（学びに向かう力，人間性等）

2　準備物等

教師：

・ワークシート（グループの計画書，お店の企画書，振り返りシート）

・接着するための材料（木工用接着剤，セロハンテープ，ガムテープ）

・段ボールカッター，のこぎり，油性ペン

・飾り付けやもとになる材料（折り紙，再生紙，画用紙，段ボール，枝や木の実など）

・参考作品4種類（カードゲーム，パズルゲーム，すごろくゲーム，的当てゲーム）

児童：

・水彩絵の具セット，クレヨン・パス，のり，はさみ

参考作品4種類

評価項目	評価場面	評価規準	評価
知識・技能	③⑤	道具を活用して，段ボールや自然物の特長を生かし，ゲームをおもしろくする方法を工夫することができる。	
思考力・判断・表現	①②③	段ボールを組み合わせたり，くり抜いたり，自然物を効果的に活用し，表現を工夫してゲームを考えることができる。	
	④⑥⑦	自分たちや友人の作品の，表現の工夫やおもしろさに気付き，伝え合うことができる。	
主体的に学習に取り組む態度	③	友人と相談しながら，切ったりつないだりする活動を楽しもうとしている。	

授業づくりのアドバイス

　この題材は，造形遊びの根本である，「作ることはおもしろい」ことが基盤となって活動していきます。アンケートで，図画工作科が苦手だと答える児童も，製作に遊びの要素が加わることで，抵抗感が減り，意欲的に活動できるようになります。自分たちがつくりたい物をつくり，それを自分たち以外の人からほめられ認められることにより，自己肯定感が高まります。自己肯定感の高まりにより「情操豊かな心」の育成が期待できます。

　この題材の指導にあたり，特に気を付けるべきことは以下の３点です。

・グループ内で役割分担をきちんとして，一人ひとりの活動を保証すること

・児童の主体性を大切にしながらも，時間内に製作できるように意識づけることや，準備や片付けはみんなで行うなど，全体でのルールを守るよう指導すること

・教師による活動の評価は，一人ひとりの児童が何をどのように製作しているのか，そばで声をかけながら確認し，評価していく

　児童にとって，段ボールと自然物は，大変身近な材料です。その材料を使うことで，素材としての段ボールの魅力に気付き，自然物との融合を楽しむことができます。でき上がったそれらの作品は，児童にとって宝物になります。鑑賞会を通して，作品が「生きたモノ」になり，それらの経験が今後の自分たちの思いを具体化するための資質・能力の育成にもつながります。ぜひ，実践してみてください。

〈参考文献〉
・『教育技術MOOK　ワクワクのびのび造形遊び―小学校図画工作科』小学館
・『絵画・製作・造形あそび指導百科―表現活動を豊かにする』東山明編著，ひかりのくに

絵画
立体
工作
造形遊び
鑑賞

4 指導過程

① どんなお店にするのか，グループのみんなと話し合おう　　　　　（構想）

・的当てみたいなお店にしたいな

・すごろくや迷路を取り入れたゲームをつくりたいな

・上手なお客さんには景品を渡したいな

② 話し合ったことを計画書にかこう（構想）

・僕たちの班は，すごろくと的当てをミックスさせたよ

・役割は，すごろくをつくる人，サイコロをつくる人，ルールを考える人にしようね

・必要な材料は，トイレットペーパーの芯使いたいし，あと，ドングリも使いたいなあ

・見本で遊んだパズルのゲームも取り入れてみようよ

③ 段ボールや自然物を生かして，作品をつくる　　　　　　　　　（表現）

・僕はここに穴を空けて，ドングリが通過するようにするね

・的は，大きいのと小さいのを区別してつくるね。形も丸いのだけではなくて，人間や動物の形にしてもおもしろいね

・松ぼっくりを的当ての玉にしようね。そうするとそれが入るぐらいの穴を開けないといけないね

・休み時間にも集まってつくりたいな

中に入って色を塗るね

⭢指導ポイント①②

・話し合っているときに，ただ思いつきや何となく「いやだ」と言うのではなく「○○をするのが苦手だから★★にしたい」などと，意見を否定するだけではなく建設的な意見を言うように助言する

・参考作品を見たり，教師見本で試しに遊んだりして，自分たちでどんなお店をつくりたいか話し合って計画書をかいていく

・計画書には，設計図，必要な材料，役割を記入する

それおもしろそう！　　　班の計画書

⭢指導ポイント③

・アイデアを思いつくことが困難な児童もグループの友人と計画し役割をきちんと分担することで，夢中になって製作することができる

・作品の形ができ上がってきたり，動いたりしてゲーム性をもってくると，児童の目が一層輝いてくる。次のステップとして，「お客さんがどのようにしてくれたら楽しんでくれるかなぁ」と助言をし，客観性を意識した製作に取り組むよう促す

◀この穴から松ぼっくりを転がすよ

④　みんなの作品からヒントをもらおう
　　　　　　　　　　　　　　　　（鑑賞）

・ひもを使ってキャラクターをつるすのもおもしろいね

・段ボールを２枚重ねてくっつけると頑丈になるね

・〇班の段ボールの切り方は，カーブが多いね。どうやって切っているのかな

◀丸く切り取るのは難しいね

⑤　色塗りやルール決めをして作品を仕上げる
　　　　　　　　　　　　　　　　（表現）

・前側だけでも絵の具でカラフルにするよ

・ドングリにも色をつけるとおもしろいね

・絵の具の塗り方は，筆をチョンチョンと動かして，葉っぱみたいに塗ると本物みたいだよ

⑥　お店を開いたら，どんなセリフや動作をするのか企画書を書き練習をする　（鑑賞）

・いらっしゃいませ。この店は，魚釣りとコロコロゲームとドングリ祭りがあります。楽しんでください

・壊れてしまったら，「今直しますので待ってください」と言う

班の計画書

⑦　他の店で遊び，よさを認め合う鑑賞会を行う
　　　　　　　　　　　　　　　　（鑑賞）

・僕たちがつくった作品が大切なように，他の班の作品も大事に扱わないとね

・お客さんに喜んでもらってうれしいな

○指導ポイント④

・中間鑑賞の視点として「切り方の工夫」「くっつけ方の工夫」「動かし方の工夫」を取り上げ，作品に目を向けさせる。切り方では，段ボールカッターで曲線を使った表現を取り入れること，くっつけ方では，遊びの途中で壊れてしまわないように，強度の出し方を考えさせる。また，動かし方では，段ボールをどのように活用して動かすのかをイメージさせる

・他の班の作品からヒントを得て，「つくりかえること」は積極的にするように声をかける。ただし，残りの製作時間を意識するように伝える

○指導ポイント⑤

・絵の具の使い方で，筆の動かし方を工夫したり，平面的な作品から立体的な作品の製作をしたり児童を取り上げ，様々な表現方法があることに気付かせる

葉っぱのように塗るよ

○指導ポイント⑥

・鑑賞会では，全員が店番役とお客さん役を体験するため，前半と後半の部に分ける。グループ内で役割を決めるよう指示する

・前後半でルールがずれてはいけないので，絶対にお客さんにはこれを伝えるという共通の事項を決めるように伝える

○指導ポイント⑦

・学級間での交流，授業参観での保護者対象の交流を行う

・お店で遊んだ後お客さんが感想を書くようにする

店番するよ

（熊倉 知己）

絵画　立体　工作　造形遊び　鑑賞

㉓ つなぐんぐん 〜新聞紙で〜

題材の紹介

棒状にした新聞紙をつなぎ方や組み合わせ
方を工夫して形をつくり，自分が表したい
形のイメージを広げていく題材。

2時間完了

1　目　標

・新聞紙の棒を，どんどんつないだり，組み合わせたりする活動に手などの感覚を十分に働か
　せ，材料の特徴を生かしながら，つなぎ方や組み合わせ方を工夫することができる。

（知識及び技能）

・場所を考えながら，新聞紙の棒をつないだり，組み合わせたりしてできるおもしろい形を思
　いつくことができる。　　　　　　　　　　　　　　　　　（思考力，判断力，表現力等）

・どんどんつないでできる形のよさやおもしろさ，友人の表現のおもしろさに気付いている。

（学びに向かう力，人間性等）

2　準備物等

教師：新聞紙の棒，新聞紙（予備），マスキングテープ（手で切り取りやすく，製作後，リサ
　　　イクル紙として処理がしやすい）

児童：新聞紙の棒をふんだんにつくることができるように，大量の新聞紙を準備する

3 評価シート　つなぐんぐん ～新聞紙で～

評価計画	評価場面	評価規準	評価
知識・技能	②③	新聞紙の棒を，どんどんつないだり，組み合わせたりする活動に手などの感覚を十分に働かせ，材料の特徴を生かしながら，つなぎ方や組み合わせ方を工夫することができる。	
思考・判断・表現	④	場所を考えながら，新聞紙の棒をつないだり，組み合わせたりしてできるおもしろい形を思いつくことができる。	
主体的に学習に取り組む態度	⑦	どんどんつないでできる形のよさやおもしろさ，友人の表現のおもしろさに気付こうとしている。	

授業づくりのアドバイス

①材料や製作場所について

　本題材では，製作する中で，仲間と自然に関わりながら，材料のつなぎ方や組み合わせ方を工夫することができるようにしたいと考えた。そして，様々な大きさに加工するために，体全体や手を働かせることができるように，広くて平らな場所（屋内運動場など）を使って児童が思いつくままに活動ができる状況づくりに配慮した。

②言語活動を生み出す学習環境の工夫

　本題材では，新聞紙を細く巻くことで丈夫な棒になることを知るところから製作を始めていった。初めは巻き方が緩くなってしまい，軟らかい棒になってしまったが，何本も巻くことで，細くて硬い棒状の新聞紙ができるようになった。思いついた形につないでいく途中で棒状にした新聞紙が足りなくなると表現活動が中断してしまうので，あらかじめ1人40本程度の棒状にした新聞紙をつくってから製作ができるようにした。

　新聞紙以外の用具は，巻いた新聞紙が開かないようにとめるのりと，棒にした新聞紙と新聞紙をつなぐことに使うマスキングテープのみである。製作の方法として，固定したグループ編成は行わず，1人で表現してもよいし，仲間と協力して表現してもよいこととした。しかし，本題材は，棒状の新聞紙を組み合わせていくので，作品はおのずと大きな立体になっていくため，その製作の過程の中で，必然的に周りの仲間と関わる場面が生まれた。自分のつくりたい形に近づくためにどのような思いで製作したのかなど，自然に仲間と交流する姿が生まれ，つくり出す喜びを感じながら造形活動ができた。

① **基本の形にするためにつなぐ**

（イメージづくり）

・つなぐだけだから簡単だと思っていたけど，思ったよりも難しいな

・３本の棒を交差させた部分をマスキングテープでとめるとぐらぐらしないな

・大きな形にするためには，どうするといいのかな

② **周りの子に相談し始める　　　（構想）**

・ピラミッドみたいな形をつくるのも難しいね

・マスキングテープもたくさん必要だね

・この３本の棒の形をぐらぐらしないようにするためには，下の部分にも棒を入れてみよう

・この形と同じ形をつくってつなげると大きな形ができるかな

③ **周りの子と協力し始める　　　（構想）**

・棒の交わる部分を押さえてくれるとつなぎやすくなるね

・下の部分を大きくつくっておくと，高く上に積んでいくことができそうだね

・交わる部分の２本の棒を先につないでから，３本目をつなぐとしっかりつなげたよ

④ **製作する仲間が増え始める　　　（構想）**

・難しかったけど，みんながアドバイスをしてくれたので，何本かつなぐことができたよ

・３本の棒を組む形をつなぐ棒は，この長さがあれば足りるかな

・ちょうどいい長さだから，その棒を上の部

⮕**指導ポイント①**

・棒と棒の基本的なつなぎ方を教える

⮕**指導ポイント②**

・近くの仲間と相談する姿を価値づける

⮕**指導ポイント③**

・願いが同じ児童を紹介し，考えを共有できるようにする

⮕**指導ポイント④**

・願いに合ったつなぎ方を提示する

分につなげてみよう

・上の部分をつなげてみると，何か土台の部分に見えてきたな

⑤　願いを共有し始める　　　　（構想）

・基本の形を上の方でつないでいこう

・大きな形になりそうだね

・さらに同じ形をつないでいけば，大きな形になりそうだね

・ぐらぐらしないように，棒で補強をしたほうがよさそうだな

⑥　願いを形にしようとする　（構想・鑑賞）

・基本の形をつなげたものを，上に乗せればかなり大きな形になるよね

・上に乗せると重くなるから，下の部分にも棒を付け足す方がいいね

・大きなピラミッドのような形になってきたね

・さらに大きくしたいから，下の部分につなげていってもいいかな

⑦　願いが形になる　　　　　　（鑑賞）

・今までの図工にない「協力する」ということで，もっと楽しくなることに気付きました

・1人でつくるより，みんなとつくると楽しいな

・時間がもっとあればいいな。もっとやりたいな

○指導ポイント⑤

・願いを聞きながら，製作の方向性を価値づける

○指導ポイント⑥

・周囲のグループの様子を鑑賞させ，取り入れることができる製作方法を鑑賞できるようにする

○指導ポイント⑦

・1時間の変容を価値づける（デジタルカメラ等の映像を利用し，前時や途中段階の表現と比較する）本時のねらいに則して，学習状況の見届けで「満足できる状況の児童」を価値づける

・完成された表現だけでなく，そこに至る過程について，具体的に価値づける

・共同製作をした児童の話し合いや協力している様子から生まれた形や空間のよさを価値づける

（夫馬　勲）

㉔ よくみてさがして　すてきなもよう

題材の紹介

　学校の中にある，様々な場所の模様（ブロック塀，フェンスの網目，木目，水滴などの，形の繰り返しや自然にできた形など）に触れ合う中で，身の回りにあるものの美しさに気付いたり，その美しさやよさを友人に伝えたりすることができる題材。

4時間完了

1　目　標

・色や形，素材や配列などに着目しながら，身の回りからすてきだと思う模様を見つけることができる。　　　　　　　　　　　　　　　　　　　　　　　　　　　（知識及び技能）
・すてきだと感じた模様について，色や形やイメージから，どう素敵なのか，どんなところがすてきなのかなど，友人に紹介することができる。　　　　（思考力，判断力，表現力等）
・進んで模様探しをしたり，友人の発表を聞いたりする中で，身の回りにあるものの中に美しさを見つけている。　　　　　　　　　　　　　　　　（学びに向かう力，人間性等）

2　準備物等

教師：
・「もようカード」校内の模様を写したアートカード（1セット7〜8枚程度）
　例：ブロック塀，教室の床などの板目，水滴，タイル，フェンス，年輪など
・カメラ（1人1台，もしくは班に1台）
　　※タブレットPCなどがある場合は，そちらを使うと画像
　　　の編集がしやすい。
・ワークシート
・児童が撮影した写真のアートカード
　　※アートカードはA6サイズで写真を厚紙に印刷するか，
　　　ラミネートをかけたりするとゲームをするときに使いや
　　　すい。

アートカード

3 評価シート　よくみてさがして　すてきなもよう

評価項目	評価場面	評価規準	評価
知識・理解	①	色や形，素材や配列などに着目しながら，身の回りからすてきだと思う模様を見つけることができる。	
思考・判断・表現	③	すてきだと感じた模様について，色や形やイメージから，どうすてきなのか，どんなところがすてきなのかなど，友人に紹介することができる。	
主体的に学習に取り組む態度	④	進んで模様探しをしたり，友人の発表を聞いたりする中で，身の回りにあるものの中に美しさを見つけようとしている。	

授業づくりのアドバイス

　教師が用意した「もようカード」で遊んだあと，児童に他にどんな模様があるかと聞くと，みんなわくわくした表情できょろきょろと教室中を見回しました。「スピーカーのつぶつぶってよくない？」「天井ににょろにょろの線がいっぱいあるよ」と次々に見つけ出し，さらに「ぼくの家には…」と普段生活している身の回りにあるものを新しい見方で見ている様子がありました。授業が終わっても自然と模様を見つけて教えてくれる児童もいたりして，自分の生活している世界を今までとは違った見方で感じることができるようになります。

　また，「模様カード」を友人同士で紹介し合ったり，どんな感じがするか話し合うことで，自分の感じ方と同じだったり，違ったりすることがあると分かることで，新たな見方・感じ方に触れることもできます。

　今回つくったアートカードで，マッチングゲームやアートかるたなどほかのアートゲームをして遊ぶこともできます。

① どんな感じがするかな

（模様を見る視点を把握する）

２枚の「もようカード」を見てどんな感じがするか話し合う

・長方形が組み合わさっているね

・上にも下にも右も左もこのまま続いていきそうな感じがする

・パズルみたいだね

・縦じまや横じまがあって，木目が波みたいに見えたよ

・右はぐねぐねな感じだよ

・雨がたくさん降ったときみたい

・水が揺れている感じがする

・窓に雨がたくさんあたって外がぜんぜん見えないときと似ているよ

「もようカード」を使ってアートゲームをする（「もようはどれだ！ゲーム」）

・つぶつぶしてる感じ

・小さな丸がたくさん並んでいてちょっと気持ち悪い感じ

・ずっと見ていると吸い込まれる感じ

・きちんと並んでいてきれいな感じ

・横に広がっていきそうな感じ

・ふわふわしている感じ

② 学校の模様を集めよう！

（校内で模様を見つけ写真を撮る）

・校舎の窓も同じ大きさで並んでいるよ

・下足箱の土間のコンクリートも近くで見ると模様になっているよ。どんな感じかな…

・遊具の丸太が並んでいて，もこもこした感じになっている

➡指導ポイント①

・児童から意見の出やすいような写真を選んで提示し，色や形に着目させながらどんな感じがするか自由に出させる

※ロッカーやブロック塀などの同じ形が繰り返しているものや，手洗い場に落ちた水滴のように不規則なものなど

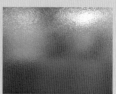

床の板目（左）とすりガラス（右）

・写真の細かなところに着目するのではなく写真全体から感じたことを話し合わせる

〈もようはどれだ！〉

1 カードをすべて表に広げる

2 出題者は１枚カードを決めその模様から感じたことを３つ言う

3 出題者が「どれでしょう」と言ったら回答者は答えだと思ったカードを指す

4 正解のカードについて，他に感じたことはあるか出し合う

5 出題者を変えて同じように続ける

➡指導ポイント②

・少人数のグループで校内をまわらせ，お互いに撮った写真を確認させたり，アドバイスさせたりする

・中間鑑賞会を全体やグループの中で行い，模様見つけの新たな視点や，見つけ方の工夫を共有する

・壁紙や服の模様などを選んでいる児童に

③ 模様を紹介しよう
（選んだ模様を紹介するカードを書き，発表する）

・小さな白い点がたくさんあって，目がくらむような感じがおもしろいと思った

・大きさや色が違う点々が星や隕石に見えて，静かな宇宙のような感じがした

・はげしい感じがするけど，どんなところがそう見えるのかな…

・黄色，黒，黄色，黒，黄色って色が繰り返されているから，次は黒色になって左右にどんどん続いていきそうな感じがするよ

・○○くんの模様は，吸い込まれる感じと言っていたけど，ぼくは飛び出してくる感じに見えました

④ 見つけた模様でアートゲームをしよう
（③で選んだカードをアートカードにし，グループで「もようはどれだ！ゲーム」をする）

・どんどんつながっていく感じ
　フジツボみたいで気持ち悪い感じ
　でこぼこしている感じ，どれでしょう

・どんなところからつながっていく感じしましたか？

・虹みたいな感じ，きれいな感じ，楽しい感じ，どれでしょう

・いろんな色が同じ幅で並んでいるところが虹みたいできれいだなと思ったよ

・1つの模様でも，同じように感じる人もいれば，見方を変えて違うように感じる人もいておもしろい

は，例を提示しながら見方を変えると模様に見えるものを探すように声をかける

⮕指導ポイント③

・②で撮影した写真から1枚選ばせ，印刷し，そのもようのすてきなところや感じたことをワークシートに書かせる

・書けない児童には「どんな感じがする」「どこからそう思ったの」「形はどんなかな」「色はどうかな」など声をかける

・言葉で表現することが難しい児童は，写真のなかのどこがよいのか指で写真を指させて，児童と対話しながら言葉を補う

・カードを書き終えたら班でお互いに発表させる。その中で気になったことを質問させたり，他の児童の模様を見て感じたことを発表させたりし，児童を関わらせる

⮕指導ポイント④

・ゲームを始める前に使うアートカードを表面にして並べ，どんなカードがあるのかを確認し，グループでどんな感じがするか少し話し合う

・多様な見方ができているグループを賞賛したり，全体に紹介したりして活動を盛り上げる

・児童の実態に応じてゲームのルールを変えたり，質問タイムやシンキングタイムなどを設定したりしてもよい

・感じたことが3つ言えないときは，1つや2つでもよい。グループの中で他にどんな感じがするかみんなで考えるようにする

（樅山 綾乃）

絵画 立体 工作 造形遊び **鑑賞**

㉕ はってはがせる植物シールをつくろう
～自然材から色をもらって～

題材の紹介

　身近にある自然材から色素を抽出し，作品づくりに自然材の色素を活用することで，自然の色の美しさや不思議さを味わうことができる題材。

4 時間完了

1　目　標

・自然色の美しさや不思議さなど自然材のもつ魅力について，自然材を集めて色素を取り出す体験を通して実感することができる。　　　　　　　　　　　　　　　　　　（知識及び技能）

・植物シールの形や色について豊かに発想や構想をして，人工色にはない自然色のよさに気付き，自然材に対する見方や感じ方を広げることができる。　　　（思考力，判断力，表現力等）

・自然材を取り入れて生活を豊かにしてきた先人の知恵や苦労，努力を知るとともに，自然が生みだす美しさや不思議さに気付いている。　　　　　　　（学びに向かう力，人間性等）

2　準備物等

教師：

〈色素を取り出すために必要な道具〉

・ボウル，ザル，すりこぎ棒，不織布（100円ショップで用意できる）

・新聞紙，水を入れるための容器，染液を入れるための容器

〈植物シールをつくるために必要な道具〉

・クリアファイル（A 4），図案をかく紙（A 4），油性ペン，墨汁

・速乾性の木工用接着剤（酢酸ビニル樹脂55％・水45％）

・スプーン，計量はかり

・枠をかくためのペンまたは OPP シート（コルネ型に切る）

中に墨汁を混ぜ合わせた木工用
接着剤を入れて下絵をなぞる

100円ショップで販売されている。
マヨネーズやケチャップを入れて
絵や文字をかくことができるペン。

OPP シートをコルネ
型にして先を切る。

❸ 評価シート　はってはがせる植物シールをつくろう ～自然材から色をもらって～

評価項目	評価場面	評価規準	評価
知識・技能	④	自然色の美しさや不思議さなど自然材のもつ魅力について，自然材を集めて色素を取り出す体験を通して実感することができる。	
思考・判断・表現	③	植物シールの形や色について豊かに発想や構想をして，人工色にはない自然色のよさに気付き，自然材に対する見方や感じ方を広げることができる。	
主体的に学習に取り組む態度	⑧	自然材を取り入れて生活を豊かにしてきた先人の知恵や苦労，努力を知るとともに，自然が生みだす美しさや不思議さに気付こうとしている。	

授業づくりのアドバイス

　自然材を自らの手で取り，それらの色素を抽出することは，先人が行ってきた行為です。現代は，合成染料や合成顔料が開発され，暮らしに多様な色を取り入れ，楽しむことが当たり前にできる時代になりました。しかし，例えば，今から約150年前には先人たちは土や植物，動物などの自然材からとれる天然色素で，衣服や生活用品を染め，生活を彩り豊かにしてきたのです。産業の発展や科学技術の進歩によって誕生した合成染料は，日々の暮らしにたくさんの色をもたらし，私たちを楽しませてくれていますが，たくさんの色であふれる豊かな暮らしの背景には，先人たちが新しい色を生みだそうと自然材を用いて試行錯誤してきたことがあることを忘れてはいけません。先人の努力や知恵などに触れ，過去を学ぶことは，これからの未来の発展や豊かな地球環境を維持していくために必要なことでしょう。

　植物染料の活用方法を先人の文化である「草木染め」としてそのまま児童に体験させるのではなく，「シール」といった現代の子供たちが興味・関心のあるものに変化させた教材を開発しました。その結果，「自然材料集め」や「自然材から色素を抽出」といった，ただ自然材に触れる活動だけではなく，自然材に触れて得た学びや感動，驚きがさらにシールといった児童にとって魅力あるものに生まれ変わり，活動で感じた自然の色に対する驚きや感動，疑問を作品を見るたびに思い返すことができるでしょう。

① 自然から色をもらってシールをつくろう

（興味・意欲を高める）

・植物の葉や根を使って服を染めていた昔の人ってすごいね，大変そう

・絵具や色鉛筆を使わず，自然から色をもらって作品をつくるなんて楽しそう

② 自然材料を集めよう （自然の魅力体感）

・たくさんの花びらで料理ができそう！

・このイガイガはどこで拾ったの？ これレタスみたいだね，おいしそう！

③ 集めた植物を分類し草花の名前を調べよう （草花名を調べ明記，五感で鑑賞）

・この葉っぱ，ざらざらしているね

・花びらからいいにおいがするよ

・この植物はビオラという名前なんだね

④ 植物の色素を取り出そう （染液づくり）

・こんなにきれいな色が花びらから出るなんてびっくりしたな

・この葉っぱ，ちょっとくさいにおいがするよ

・花びらの色と花びらをすりつぶしたときの色が違うな，どうしてだろう？

➡指導ポイント①

・先人は自分の好きな色の服を着ることができたか問う（約1300年前に描かれた高松塚古墳壁画「西壁　女像群像」を使用する）。現在は合成染料の誕生によりどんな色の衣服も容易に着られるが，昔は植物の花や茎，根，実などの植物染料で服を染めていたため困難であったことを伝える

➡指導ポイント②

・集める量に関しては，少量だと染料が薄くなるため拳の大きさの量を集めさせる

・活動中は嗅覚，視覚，触覚などの五感を充分に働かさせる

➡指導ポイント③

・より濃い染液を取り出すために各自が集めた自然材を種類ごとに分類し一体化する

・どんな名前の植物か図鑑で調べさせる。理科の学習と関連付けるのもよい（第3学年「昆虫と植物」第4学年「季節と植物」）

➡指導ポイント④

・ザルをボウルの上に重ね，草花と少量の水（染液が薄くなることを防ぐために，水を入れ過ぎないように注意を促す，目安となる水を入れるためのコップを用意する）を中に入れ，すりこぎ棒で潰す。折り畳んだ不織布の上にボウルに入った染液を流し，不純物を取り除く（資料）。

資料

⑤　シールの図案をかきお絵かきペンでなぞ
　ろう　　　　　　　　　（シールの土台づくり）

・虫や木の実の形のシールがつくりたいな

クリアファ
イルに図案
を入れる

⑥　染液に木工用接着剤を混ぜよう

　　　　　　　　　（植物シール液をつくる）

染液が10g だったら
木工用接着剤も10g 入れる

⑦　染液を黒枠に入れよう　（染液を入れる）

・色々な色の染液を入れたいな

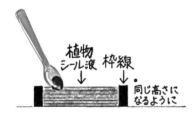

植物
シール液　枠線
　↓　　　↓　同じ高さに
　　　　　　　なるように

⑧　自然の色の美しさを味わおう　　（鑑賞）

・はじめは自然の色がこんなにきれいだと思
　っていなかったからびっくりしたな

・作品の中の色がすべて自然からでた色だと
　思うと自然はすごいな

・植物をすりつぶしてこの植物の液をどんな
　風に使うか，どきどきわくわくしたな

・自然の素材や色にすごく興味をもったな

⇨指導ポイント⑤

・速乾性の木工用接着剤と墨汁を同じ彩度に
　なるまでしっかり混ぜた液体（速乾性の木
　工用接着剤の約５％の分量）を枠をかくた
　めのペンや OPP シートに入れる（事前準
　備）

・クリアファイルに図案を入れ，上からなぞ
　る。なぞった液は90分ほどで乾燥する

・一度なぞったところを重複してなぞると，
　剥がす際に木工用接着剤が乾ききっておら
　ず，簡単に剥がせない原因となる

・シールの図案は，大きくてシンプルなデザ
　インにさせる

⇨指導ポイント⑥

・抽出した植物の染液と速乾性木工用接着剤
　を同じ分量ずつしっかり混ぜ合わせる
　（１対１の割合になるよう計量はかりを使
　う）

⇨指導ポイント⑦

・染液が少なすぎると薄いシールになり，反
　対に多すぎるとシールが乾かなくなる。そ
　のため横から見て黒枠と同じ高さの量をス
　プーンで入れるようにする

・木工用接着剤入りの染液は，約22時間〜30
　時間で乾燥する。傾けても液体が動かなく
　なれば，冷風を当てるとより速く乾燥する

⇨指導ポイント⑧

・窓ガラスやペットボトルなどに植物シール
　を貼りつけて，自然色の美しさや不思議さ
　を味わう

（藤井　実早紀）

㉖ もう一人の自分と大ぼうけん

題材の紹介

　本題材では，「ミニチュアの自分」が似合う場所を探し，これを校庭に置いたり，そこに新たな材料を加えたりしながら造形的な活動を行って1枚の写真を撮影するとともに，そこに生まれたよさやおもしろさを感じ取る活動である。自分を写真に撮って切り取ってつくった「ミニチュアの自分」は，児童が今までと違った見方の扉を開くきっかけのアイテム

とする。「ミニチュアの自分」を介しながら，校庭に目を向けていくと世界は様々な形や色，出来事で満ちていることに気付く。最後に，自分の撮影した写真をアートカードとして鑑賞の授業を行う題材。

5時間完了

1　目　標

・デジタルカメラを活用し，撮り方を工夫して，創造的に表すことができる。

（知識及び技能）

・「ミニチュアの自分」の気持ちを表すために，ポーズや表情を考えたり，場所や写真の撮り方を考えたりして，自分のイメージを表現することができる。　（思考力，判断力，表現力等）

・形や色，表現の仕方や材料による感じ方の違いを捉え，作品に合った題名をつけ，作品のよさやおもしろさを感じ取っている。　　　　　　　　　　　　（学びに向かう力，人間性等）

2　準備物等

教師：デジタルカメラ，ワークシート

児童：はさみ

評価項目	評価場面	評価規準	評価
知識・技能	③	デジタルカメラを活用し，撮り方を工夫して，創造的に表すことができる。	
思考・判断・表現	④	「ミニチュアの自分」の気持ちを表すために，ポーズや表情を考えたり，場所や写真の撮り方を考えたりして，自分のイメージを表現することができる。	
主体的に学習に取り組む態度	⑤⑥	形や色，表現の仕方や材料による感じ方の違いを捉え，作品に合った題名をつけ，作品のよさやおもしろさを感じ取ろうとしている。	

授業づくりのアドバイス

　児童は，本来，日常生活において身近な場所を自分たちの空想の世界に見立てたり，「○○ごっこ」の遊び方を友人と考えたりして遊ぶことで，様々な想像力を働かせています。大人では考えつかない新鮮な見方をして，はっと驚かされることもあります。児童が日頃何気なく生活している校庭も，見方を変えるともっとすてきなおもしろい場所になることを児童は感じることができました。これからも，新しい視点や想像する楽しさ，そして，人との関わりで広がる発想のおもしろさを感じさせたいと思います。また，自由な思考や発想を大切にし，自分や人の感じ方について語り合うことで感じ方の多様性におもしろさを見つけることができました。

・思いを伝え合う楽しさを味わうために，友人と感じたことを語り合うアートカードゲームを行う
・自分の感じ方のよさや人との感じ方の違いに気付くために，授業を振り返る学級掲示をつくり情報共有できる環境をつくる
　自分の周りの世界が，いつもと違う視点で眺めてみたらとてもおもしろいことに気付いたという経験は人生を豊かにすると信じています。

絵画　立体　工作　造形遊び　**鑑賞**

① **自分が小さくなったら世界がどのように見えるか想像しよう （イメージづくり）**

・小さくなったらいつもの草原もジャングルみたいになるだろうな

② **物語の主人公になって冒険しよう （構想）**

・池の上を葉っぱの船で探検してみたいな
・ロープタワーの上から景色を眺めてみたいな
・うさぎの背中に乗って遊びたいな
・花びらの上でお昼寝がしたいな

③ **「ミニチュアの自分」の気持ちが伝わるように写真を撮ろう （表現）**

・お昼寝だから目をつぶって寝ころぼう
・高いところで怖そうだから，恐怖で叫んでいる表情にしよう

④ **ミニチュアの自分と冒険して，アートカードをつくろう （表現）**

・花を横に並べた色がきれいかも
・「ミニチュアの自分」をカメラの近くに置いたほうが持ち上げているように見えるよ

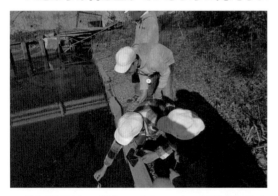

『土曜日は，だんご虫』の本の冒頭部分を読み聞かせ，自分が小さくなったら世界がどのように見えるか想像させる。

●**指導ポイント②**

・物語の主人公になった気持ちでみんなと一緒に校庭を散歩することで，様々なところに目を向かせることができる
・散歩をして気になった場所，その場所でしたいこと，したいことを表現するためにはどんなポーズでどんな表情にするかについてワークシートに記入する

●**指導ポイント③**

・場所が決まったら，自分がしたいことに合わせてポーズや表情を考えて撮影し，「ミニチュアの自分」をつくる

●**指導ポイント④**

・4人グループにして，1台のデジタルカメラを持って撮影に出かける
・グループ活動にすることで，カメラの順番を待つ時間に友人の活動にも目を向けたり，気付いたことを話したりして自然と相互鑑賞を行い，想像をふくらますことができる。このような，他者とのコミュニケーションを通して，児童の「発想や構想の能力」が高まることを期待している

⑥ 作品をじっくり見て感じたことを言葉に
して伝えよう　　　　　　　　（鑑賞）

・水面がきらきらして天国みたいだと感じた
から「天国の池に出発だ」にしよう
・この先どんなものがあるんだろうとわくわ
くするから「よーし。出発」という題名に
したよ

⑥ 作品をじっくり見て感じたことを言葉に
して伝えよう　　　　　　　　（鑑賞）

・にやにやしてなにかたくらんでるから
「いたずらは楽しいぞ」にしたよ。想像す
るのって楽しいな
・同じ作品でもみんな違う題名をつけている
ね。みんな違っておもしろいね

○指導ポイント⑤

・画用紙に自分の撮影した写真を貼り付け，
題名を考える
・感じたことを長い文章で書くのではなく，
短い言葉で表現することで，言葉にするこ
とが苦手な児童でも無理なく取り組める

○指導ポイント⑥

・友人の作品を見て感じたことから題名を付
けるという活動である。友人の作品の題名
を考えることで，友人の思いを想像し，よ
り深く作品を味わうことができる
・最後に，作品を相互鑑賞しながら，感じた
ことをもとに友人の作品に題名をつける
・活動を通して，色・形をよく見て何が起こ
っているのか想像する。どこを視点に作品
を見たらいいのかおさえることで，活動の
見通しをもたせる
・題名をつけ終わったら，自分の感想を人に
伝えることが苦手な児童でも気軽に取り組
めるように，「アートかるた」を行う。
「アートかるた」とは，題名を発表し合っ
て，その言葉のイメージにぴったり合うカ
ードを取るというゲームである。この活動
を通して，友人と自分の感じ方を自然な形
で交流させ，同じ作品でも自分とは違うよ
うに感じるなど，新しい見方を発見させた
い

（浅井　優子）

絵画
立体
工作
造形遊び
鑑賞

㉗「なりきり画家さん」にインタビュー
～北斎とモネの海の表現の鑑賞を生かして，自分の海をかこう～

題材の紹介

　読書感想画をかく際，児童には自分のイメージを存分に作品に表現してほしい。その手助けとして，初めの段階で鑑賞の授業を行う。表現方法の異なる著名な作家の作品を鑑賞することで，そこに込められた作者の思いを想像し，表現方法の多様性に気付き，製作に生かしてほしいと願い実践した題材。

2時間完了

1　目　標

・北斎作「神奈川沖浪裏」と，モネ作「黄昏」の2つの作品の海の表現を比較し，その表現の特徴を見つけることができる。　　　　　　　　　　　　　　　　　　（知識及び技能）

・自分の気に入った方の作品の作者になりきって，なぜそのような表現にしたのかを言語化し，友人と対話することができる。　　　　　　　　　　　　（思考力，判断力，表現力等）

・進んで絵の鑑賞をし，作者が自分の思いを表現するために工夫していることに気付く。

　　　　　　　　　　　　　　　　　　　　　　　　　　　　（学びに向かう力，人間性等）

2　準備物等

教師：

・「神奈川沖浪裏」（北斎）と，「黄昏」（モネ）の絵画の写真（クラスの人数が35人程度いるので，A3程度の大きさが見やすい。黒い色画用紙に貼り付けた）

・作者の写真や自画像のペープサート

・ワークシート

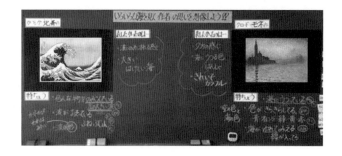

評価項目	評価場面	評価規準	評価
知識・技能	③	絵を見て，構図・色彩・タッチなどの特徴を4つ以上見つけることができる。	
	④	自分が選んだ絵と他方の絵を比較して質問したり答えたりすることができる。	
思考・判断・表現	④	見付けた絵の特徴を言語化して，質問に答えたり，相手に質問したりすることができる。	
	⑤	鑑賞した絵の表現方法が自分の絵に生かせるかどうか考えて記述できる。	
主体的に学習に取り組む態度	②⑤	好きな絵を選び，進んで鑑賞しようとしている。	

授業づくりのアドバイス

　中学年の児童は，「よい絵とは，実物のように見えるリアルな絵だ」と思い込んでいることが多いように感じます。そのため，形が整い，色彩が美しく，写実的な絵をかくことができなければ，「私は図画工作科が苦手だ」と誤った意識をもってしまうこともあります。そんな先入観にとらわれず，自分なりのイメージをもち，それを表現することに夢中になって製作を楽しんでほしいと考え，授業実践をしました。また，鑑賞の授業が，図画工作科の他の分野の授業とかかわることが少ないようにも思い，鑑賞が自分の製作に生かせることを実感させたいとも考えました。

　実践にあたって，特にこだわったのは以下のことです。

・今からかこうとする絵に必ずかかわってくるもの（本実践であれば「海」）が，かかれた絵画の中から児童が比較しやすい表現の違いのある絵を選んで鑑賞させること

・「自分のイメージを表現する多様性に目を向けさせる」というねらいを忘れないように指導を進め，児童が絵に対して「いい絵，悪い絵」「質問で勝った，負けた」という結論や「必ずこの表現方法の中から選んでかかなければならない」という気持ちに陥ることがないように留意すること

　製作後に，友人と作品を見合って感想を述べ合う鑑賞会や，名画を見て自分の感じたことを述べる鑑賞会とは違う形式の鑑賞ですので，新鮮さもあり児童は楽しんで取り組みます。意外な意見が出ることもあり，笑顔や発見がたくさんある授業になると思います。

絵画
立体
工作
造形遊び
鑑賞

4 指導過程

① 「海」のイメージを思い浮かべよう
　　　　　　　　（自分のイメージの想起）

・海水浴で行った海を思い出した。たくさんの人がいてにぎやかだった
・ポスターで見た，魚がたくさん泳いでいるきれいな南の海の中が浮かんできた

② 2枚の絵を見て好きな絵を選ぼう（鑑賞）

・北斎さんの絵が好き。波がすごくてかっこいいから
・モネの絵がいい。海に夕日が反射しているのがすごくきれいだから

③ 選んだ絵の特徴を4つ見つけて，ワークシートに書こう（鑑賞　より詳しく見る）

〈北斎〉・波の上の方が，白い泡になっていて，ぎざぎざ，かぴかぴした感じだ
　　　　・左の大きい波が，舟を飲み込みそう
　　　　・遠くに富士山が小さくかかれている
〈モネ〉・海がきらきら光っているみたいにかいている
　　　　・海を，青だけでなくてオレンジや黄色も使ってかいている
　　　　・筆の跡が，小さい波に見える

④ 作者になりきって質問に答え，かいた意図を説明しよう（鑑賞　言語化・対話）

〈構図に関する気付き〉

・Q：北斎さんに質問です。なぜ，画面の左にあんなに大きな波をかいたのですか
　A：横から舟を飲み込むような感じが出ると思ったからです。迫力のある海にしたかったんです
・Q：なぜ，富士山を小さくかいたのですか
　A：波が大きいことがかきたかったから

⭢指導ポイント①
・2～3人に発表させることで，「海」という言葉から思い浮かべる情景は，人それぞれの経験や興味によって違うということをまず感じさせる

⭢指導ポイント②
・作品の複写ではあるが，台紙に貼って掲示することで，本物の絵を鑑賞しているような気持ちを味わわせることができる。現状の実態に合わせてこの方法を選択した

⭢指導ポイント③
・最初に教師が作者や絵についての簡単な説明を行う。児童の基本的な疑問を解決してから始める
・選んだ方の絵がカラーコピーされているワークシートを用意すれば，より書きやすく児童の意欲も増す
・「4つ」という数を示すことで，児童が特徴を複数見つけようとする意欲を高める
・期間指導で，構図・色づかいなどを比較して考えている児童を称賛し，発表の意欲化を図る

⭢指導ポイント④
・「自分が選んでいないほうの絵の作者に，聞きたいことを質問する」という形式で進めること，質問されたことに答えられる児童は「なりきり北斎さん」「なりきりモネさん」となって，作者の心情を想像して答えることを伝える。答えるときには，作者の顔のペープサ

〈色に関する気付き〉

・Q：北斎さんはなぜ，波も富士山も同じ色
　にしたんですか。モネさんに比べて全体的
　にも色が少ないですよね
　　A：シンプルな色づかいにして，すっきり
　と見える絵にしたかったからです
・Q：モネさんは，なぜ海の水になぜこんな
　にたくさんの色を使ってかいたのですか
　　A：夕方の海は，いろんな色が重なるのが
　きれいだと思います。少ない色では，海に
　映った夕日の感じが出せないからです

〈作者の心情に関する気付き〉

・Q：北斎さんのこの作品がかかれた季節や
　時間はいつですか。モネさんと違って，太
　陽などがかかれていませんよね
　　A：空は曇でおおわれていました。嵐の日
　でしたから
・Q：なぜそんな日を選んだのですか
　　A：普通の日だと，波とかに迫力がなくて
　つまらない。だから嵐の日にしました。
・Q：逆に，どうしてモネさんは，迫力のあ
　る波が全然ない海をかいたのですか
　　A：迫力のある海より，静かで穏やかな海
　がよかったんです。海の美しさみたいなの
　をかきたかったから

⑤　自分の感想画に生かせることを探そう
　　　（振り返り　次時へのつながり）

・クジラのジャンプの迫力を出したいから，
　北斎さんのように思い切って大きく波をか
　いてみようと思う
・夕方の海をかこうと思っているので，モネ
　さんのように色を重ねて海に映っていると
　ころを表現したい

ートを持たせて「作者が考えたこと」とい
う雰囲気をつくる
・自分が選んだ絵と他方の絵とを比較して述
べている場合は，その見方を称賛する
・版画であるという理由も色の少なさには関
係があると思われるが，ここではあえてそ
のことには触れず，作者の心情を話題にし
て話を進めさせた。富士山のかき方につい
ても児童の意見を尊重して進めた
（後日，この絵は富士山をかいたシリーズ
であることを伝えると，また新しい関心を
もって絵を見ていた）
・色づかいや筆のタッチは，児童が海をかく
ときに特に「あのようにかいてみよう」と
参考にしやすい分野であるので，ぜひ話題
にさせたい

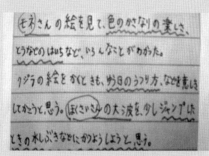

ワークシートの記述

⯈ 指導ポイント⑤

・鑑賞と表現活動をかかわらせる

絵画　立体　工作　造形遊び　鑑賞

| 絵には，いろいろと持ちょうがあり，それを見つけるのは面白かたです。 |
| それに，絵の持ちょうから，自分の絵のさん考に出来て図工はどんどんつながるということが分かって良かたと思いました。 |

授業後の感想

（吉田　真由子）

28 焼き物 ～皿づくり～

題材の紹介

　学校の土を利用して粘土をつくり，お楽しみ会で使うための皿をつくることを通じて，手や道具をたくさん使ってつくる喜びを味わうことができる題材。

6時間完了

1　目　標

・粘土の感触や手の動きを生かして形をつくり出すなど，最後まで活動に取り組むことができる。　　　　　　　　　　　　　　　　　　　　　　　　　　　　（知識及び技能）

・できた皿を使い，大事に思うことができる。　　　　（思考力，判断力，表現力等）

・粘土の成り立ちを知り，掘りおこした塊を粘土にして感触を味わおうとする。

　　　　　　　　　　　　　　　　　　　　　　　　　（学びに向かう力，人間性等）

2　準備物等

教師：

・学校の土（粘り気が少なければ，焼き物用の粘土も準備する），水

〈粘土づくりのときの道具〉

　土を砕くための木鎚，粘土板，粘土を受けるビニールシート，ふるい，プラスチックの蓋つき箱，生成した土をねかしておくための箱

〈皿づくりのときの道具〉

　ボウルなどの型，型に敷くための薄手の伸縮性のある布，ガーゼや蚊遣り布（レース布でも可），器の表面に模様をつけるハンコなど，粘土切り糸，粘土を伸ばす丸棒，新聞紙，タオル，雑巾，手洗い用バケツ，器を置く板，（手回しろくろ），手拭き布

〈釉薬をかけるときの道具〉

・ひしゃく，手洗い用バケツ，スポンジ，雑巾，釉薬

※素焼きと本焼きをする業者との連絡

※児童には，汚れてもいい服装を準備させる

※皿を使うための調理実習等の準備

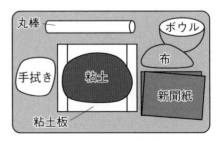

皿づくりのときの机上準備

③ 評価シート　焼き物　〜皿づくり〜

評価項目	評価場面	評価規準	評価
知識・技能	③④	粘土の感触や手の動きを生かして形をつくり出すなど，最後まで活動に取り組むことができる。	
思考・判断・表現	⑤	できた皿を使い大事に思うことができる。	
主体的に学習に取り組む態度	①②	粘土の成り立ちを知り，掘りおこした塊を粘土にし，感触を味わおうとしている。	

授業づくりのアドバイス

　本校は，愛知県の中央部である尾張と三河の境に位置し，開校6年目の学校です。愛知県には焼き物の6古窯のうち瀬戸，常滑の2古窯があり，瀬戸に近いこの地域にも，古い窯跡があります。地域の工事現場でも粘土層がかなり見つかります。

　本校でも，畑を掘り進んだら，粘土層が出てきました。乾いたら硬くなり，砕いたら粉になって，水を入れたら粘土になるという変化を直接味わいながら粘土をつくりました。カチカチ，サラサラ，どろどろした様子を，実際に手で触れて感じ，言葉と一緒に学ぶことができました。

　また，その時々に使う用具である木槌，ふるい，ひしゃくの使い方を学び，体験を広げることもできます。型を使った技法であれば，手のひらで皿の形に仕上げられ，満足感が得られます。鑑賞するために，お楽しみ会や調理実習を企画して自分でつくった食器を使えば，ますます自分でつくったものを大事にしようという気持ちになると思います。

　「ひねる・ねじる・ちぎる・のばす・つぶす・つける」など，粘土の特性を利用して存分に活動を楽しむことも，興味を引きつけるには効果的です。教師も一緒に活動を楽しむことができるといいです。

　粘土での製作は，冷たいし汚い，その上でき上がるまで時間がかかりますが，得るものは大きいと思います。

① 粘土づくりをしよう 　　（粘土の準備）

・こんな塊が本当に粘土なのかなぁ

・木槌で塊をたたくと粉々になるね

・結構硬いね

・ふるいに通すとさらさらの砂みたい

・石も見つけたよ

・色々なものが混ざっているね

・ふるいの中にたまったものは，数回たたいてふるい直しをしてみよう

・水を混ぜると，どろどろになるね

・水を入れすぎたら数日待つと透明な水が上の方にたまるから，それを捨てればいいよ

・耳たぶくらいの硬さになったらふたを閉めて2～3週間，寝かしておこう

〈2～3週間後〉

・触ってみると気持ちがいいね

・手に泥がたくさん付いたよ

・手が温かいから，触っているうちに固まってくるよ

・押したりつぶしたりしていたら固まってきて手の土が取れてきたよ

・丸く固めておこう

・乾かないようにビニルをかけておこう

② 土に触ってみよう 　　（粘土の体感）

・土を伸ばしてみよう

・ひっぱってみよう

・たたいてみたら，伸びたよ

・にぎってみよう

・手で押してみたら，跡がついたよ

・布で押さえたら模様がついたよ

・丸くしてみよう

・色々な形に変身するね

➡指導ポイント①

・ほこりが出るので屋外で活動する

・土の状態を言葉で伝え，実際に土に触らせ，感じ取らせる

・道具の使い方は，やって見せ，一緒に持って，自分でできるよう導く

土を砕く係

スコップで土をふるいに入れる係

ふるいをかける係

・水を入れることを考えて大きめの容器を準備する

・水を入れたら2～3週間置いておく

・粘り気が少なかったら市販の粘土を加えておく

➡指導ポイント②

・レース布やハンコなどを準備し，色々な跡がつくことを楽しませる

・児童同士でかかわれるよう座席の配慮をする

③ 土を板状に伸ばしてお皿をつくろう
（表現）

・お皿に何をのせようかな
・粘土を丸くしたよ
・粘土を平らに伸ばすのは力がいるね
・どうやってたたくと土が伸びるのかな
・親指の付け根のところでたたくと力が入る
　よ
・真ん中からたたくと自然に広がったよ
・伸ばし棒を使ってもいいね
・粘土と型がくっついてしまわないように型
　のボウルに布をはさむよ
・ボウルに板の土をかぶせると，丸くなって
　いくね
・布をかぶせて優しく抑えるとだんだん丸く
　なるね
・好きなはんこで模様をつけると素敵だね
・形が崩れないように座布団を敷いて乾かそ
　う

④ 素焼きした皿に釉薬をかけよう （表現）

・釉薬をつけたら，白くなったよ
・底についた釉薬を拭き取るよ

⑤ できた皿を見てみよう （鑑賞）

・できたお皿はつるつるしてるね
・友達と一緒につくったけど，みんな違うね
・模様がきれいだね
・自分のお皿を使うのってなんだかうれしい
　ね
・大事にしようね

⇨指導ポイント③

◀型にのせたまま表面に
　模様をつける

◀型から外してから模様
　をつける

・薄手のガーゼや綿素材の布，蚊遣り布等を
　利用し，型から外しやすいようにする
・オリジナリティをもたせるため，はんこや
　模様になるレース布を準備し，自由に押さ
　え，皿に模様をつけさせる

乾燥するときの座布団

⇨指導ポイント④

・バケツの中の釉薬が，底にたまらないよ
　う，しっかり混ぜておく
・絞った布を机上に置き，底をごしごし動か
　し，釉薬を拭き取る

⇨指導ポイント⑤

・皿の底がざらざらしていたら，布やすりで
　滑らかにしておく
・粘土から割れ物になったので，落とさない
　ように両手で持つよう注意を促す
・周りを見渡し，友人の皿とは違うことを実
　感させる
・「竹の山焼き」として，地域での作品展に
　も展示して紹介する

（髙木 香理）

おわりに

1 先生方の努力の結晶

　普段，同じ市内の図工・美術科の先生方とは，顔を合わせたり授業研究を行ったりする機会はありますが，他の市町村の先生方の実践に触れる機会は，ほとんどないのが現状です。今回本実践集を作るにあたって，愛知県内の多くの先生方に原稿執筆にご協力いただきました。

　送っていただいた原稿を拝読すると，日々子供たちのためにと真摯に実践に取り組んでおわれることが伝わってきました。そして，児童生徒がいきいきと授業に臨み，思いや願いを具現化するために楽しくも直向きに活動に取り組んでいることが何よりうれしく感じました。この実践集に掲載されている実践は，先生方の努力の結晶であると思います。

　そして，これからもすばらしい授業をこれからも創り出していくことが，私たち教師の営みですが，ここには貴重な実践事例があります。必ず授業づくりのヒントになると思います。

2 働き方改革の中で

　働き方改革が進められています。とはいえ，先生方の日々の勤務はまだまだ厳しい状況が続いています。授業はもとより，空き時間には，児童たちが書いてくる生活日記や連絡帳に目を通して朱書きを入れたり，児童の話しに耳を傾けたりします。授業後も次の日の授業の準備だけでなく，家庭訪問や保護者対応，諸会議等があります。さらに，中学校では部活動もあります。どれも児童たちの成長と安心して登校できるようにと願ってのことで，なかなか削減できるものではありません。

　働き方改革は，本来私たち教師が，目の前の児童たちと真摯に向かい合い，日々の授業をはじめとする教育活動を充実させることが目的です。図工・美術科の授業について，仲間の先生方と情報交換して，よりよい授業について考えることができれば，これまで以上に充実した実践が展開できると思います。ただ，そうした時間を確保できるのは，せいぜい長期休業中だというのも現状ではないでしょうか。

3 本実践集への願い

　本実践集が，これまで諸先輩方が築いてこられたすばらしい造形教育の伝統を継承しながら，次代を担う若い先生方とともに新たな展開を模索していくための一助になることを心から願っています。全国の造形教育に携わっているすべての先生方へエールを送ります。

編者

執筆者一覧

竹井　　史	同志社女子大学
中村　僚志	刈谷市立刈谷南中学校
鈴木　良和	豊橋市立谷川小学校
谷中あき子	豊田市立広川台小学校
實松　理沙	岡崎市立六ツ美中部小学校
杉浦　義隆	西尾市立花ノ木小学校
仙田　敦志	豊橋市立大清水小学校
服部　誠司	幸田町立中央小学校
本多　功典	幸田町立北部中学校
林　　可奈	一宮市立木曽川東小学校
大野　　裕	稲沢市立稲沢西中学校
山口　美奈	犬山市立城東小学校
小田　淳也	刈谷市立富士松北小学校
長谷川麻紀	東浦町立卯ノ里小学校
與田　雅子	豊橋市立松葉小学校
井川真由香	扶桑町立山名小学校
檜山　雄大	名古屋市立穂波小学校
白髭　鮎美	刈谷市立かりがね小学校
鈴木早紀恵	豊田市立元城小学校
蟹江　紗代	東海市立横須賀小学校
藤井実早紀	豊田市立青木小学校
髙橋　侑希	横浜市立保土ヶ谷小学校
渡部　美香	半田市立板山小学校
熊倉　知己	美浜町立河和小学校
夫馬　　勲	一宮市立黒田小学校
樅山　綾乃	豊田市立滝脇小学校
浅井　優子	岡崎市立葵中学校
吉田真由子	岡崎市立細川小学校
髙木　香理	日進市立香久山小学校

【監修者紹介】

竹井　史（たけい　ひとし）
同志社女子大学現代社会学部現代こども学科教授。筑波大学人間総合科学研究科後期博士課程満期退学。愛知教育大学創造科学系教授，同附属名古屋小学校長などを経て現職。専門は，美術教育学。文部科学省「図画工作用具で扱う材料や用具」作成協力者。図画工作科教科書（日本文教出版）企画及び著者など。

中村　僚志（なかむら　りょうじ）
愛知教育大学大学院を修了後，昭和61年4月より刈谷市立小中学校に勤務。平成17年から5年間，愛知教育大学附属岡崎小学校に勤務。刈谷市教育研究会造形部部長，三河教育研究会副部長，愛知県造形教育研究会会長などを勤め，現在は刈谷市立刈谷南中学校に勤務。

【編著者紹介】

鈴木　良和（すずき　よしかず）
愛知教育大学美術科を卒業後，昭和60年4月より豊橋市立小中学校に勤務。豊橋市図工美術研究部顧問、三河教育研究会造形部長、愛知県造形教育研究会副会長などを勤め、豊橋市立谷川小学校を最後に退職。

【著者紹介】

愛知県造形教育研究会
尾張地区と三河地区の造形部の会員で組織されている。毎年各地区で行われた実践の成果を発表し協議をして，授業力の向上や新たな実践開発などを推進している。令和元年度には，全国造形教育連盟と日本教育美術連盟とともに第55回愛知県造形研究協議会を開催した。

指導から評価まですべてが分かる！
新学習指導要領対応
小学校図工テッパン題材モデル　中学年

2020年5月初版第1刷刊　©監　修　竹井　史・中村僚志
　　　　　　　　　　　　編著者　鈴木良和・中村僚志
　　　　　　　　　　　　著　者　愛知県造形教育研究会
　　　　　　　　　　　　発行者　藤　原　光　政
　　　　　　　　　　　　発行所　明治図書出版株式会社
　　　　　　　　　　　　　　　　http://www.meijitosho.co.jp
　　　　　　　　　　（企画）木村　悠（校正）奥野仁美
　　　　　　〒114-0023　東京都北区滝野川7-46-1
　　　　　　振替00160-5-151318　電話03(5907)6703
　　　　　　　　　　　ご注文窓口　電話03(5907)6668
＊検印省略　　　　組版所　株式会社木元省美堂
本書の無断コピーは、著作権・出版権にふれます。ご注意ください。

Printed in Japan　　　　　　ISBN978-4-18-352618-2
もれなくクーポンがもらえる！読者アンケートはこちらから